Survival
Vietnamese
Phrasebook & Dictionary

How to communicate without fuss or fear INSTANTLY!

by BAC HOAI TRAN

T0377636

TUTTLE Publishing

Tokyo | Rutland, Vermont | Singapore

CONTENTS

PART 3
Getting Around

PART 4
Emergencies and Essentials

PART 5
Out and About

PART 6
Exploring Vietnam

PART 7
Key Names and Signs

PART 8
The Internet and Social Media

PART 9
Additional Vocabulary

PREFACE

Welcome to Vietnam!

When you pick up this phrasebook, either out of curiosity or with the intention of preparing yourself for a trip to a faraway country in Southeast Asia, we hope you will soon be making pleasant discoveries on every page about this new land, this new language and culture, which will simply deepen your understanding of our fascinating society.

While traveling in Vietnam, if you are able to say a few simple phrases every now and then, rich rewards of friendship and invaluable help will come your way. Even a sentence as basic as "I am American," if expressed clearly enough in Vietnamese, will make you an honored guest, if not an instant celebrity, wherever you go.

INTRODUCTON

All the Basics at your Fingertips

Is Vietnamese easy or difficult to learn? Well, maybe it is neither easier nor more difficult than any other language, as the determining factor in learning and mastering anything seems to be the level of motivation of the learner.

Survival Vietnamese, however, is not aimed at those interested in formal study, but at those who will be traveling to Vietnam shortly and want to communicate with native speakers when the need arises. It is a crash course in Vietnamese that will give you all the basics you need.

Now a little more information about the language. Spoken by nearly 101 million people in Vietnam and by roughly 6 million members of the Vietnamese diaspora, Vietnamese is a monosyllabic language employing a total of 6 tones. A firm grasp of the tones is encouraged, since a word normally changes its meaning when used with a different tone.

As a learner, you'll find it convenient that Vietnamese uses a romanized script; however, the diacritics representing the tones or used with some vowels will need some familiarization. We will deal with these presently.

The Alphabet

The Vietnamese alphabet has 12 vowels and 17 consonants, as seen in the chart below:

a	*ă*	*â*	*b*	*c*	*d*	*đ*	*e*	*ê*	*g*	*h*	*i*
k	*l*	*m*	*n*	*o*	*ô*	*ơ*	*p*	*q*	*r*	*s*	*t*
u	*ư*	*v*	*x*	*y*							

The 12 vowels are:

a   *ă*   *â*   *e*   *ê*   *i*   *o*   *ô*   *ơ*   *u*   *ư*   *y*

And the 17 consonants are:

b	*c*	*d*	*đ*	*g*	*h*	*k*
l	*m*	*n*	*p*	*q*	*r*	*s*
t	*v*	*x*				

Pronunciation Guide

English has various pronunciations for pairs of letters such as "ou," but usually each Vietnamese letter or pair/ group of letters has just one pronunciation, although there are some regional variations. Let's take a close look at the Vietnamese tone, vowel, and consonant systems.

The Tone System

There are 6 tones in the Vietnamese language. A tone is always an integral part of a vowel. When we talk about the pronunciation of a tone, we mean the pronunciation of a vowel carrying that specific tone.

1. The level tone (→) has no symbol and is produced at a relatively high pitch, as high as when you stick out your tongue and say "ah" on your doctor's orders.
   ma   ghost

2. The rising tone (↗) is symbolized by the acute accent and produced at a very high pitch.
   má mother; cheek

3. The falling tone (↘) is expressed by the grave accent and pronounced at a rather low pitch.
   mà but; who/that/which

4. The low-rising tone (⤴) is indicated by the question mark minus the dot; it starts at a low pitch and then rises.
   mả grave, tomb

5. The broken, low-rising tone (～) is represented by the tilde. In its production, the voice starts low and rises abruptly, causing an initial stop in the voice box inside the throat.
   mã horse (in Sino-Vietnamese)

6. The lowest tone (↓) is symbolized by the dot placed beneath a vowel and pronounced at the lowest possible pitch.
   mạ rice seedling

Tone Markings and Illustrations in Example Sentences

1. ***Chị Kim có gia đình chưa?*** (Are you married, Kim?) (Lit. "Do you have a family yet, Kim?")

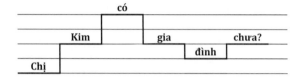

2. ***Rồi. Tôi có gia đình rồi.*** (Yes, I am married.) (Lit. "Already. I have a family already.")

3. ***Tôi chỉ biết nói một chút tiếng Việt.*** (I can only speak a little Vietnamese.)

4. ***Xin dịch chữ này sang tiếng Anh.*** (Please translate this word into English.)

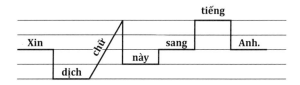

5. ***Con của chị được mấy tuổi?*** (How old is your child?)

6. ***Tôi có một anh và hai em gái.*** (I have an older brother and two younger sisters.)

7. ***Chúng tôi bị lạc đường.*** (We're lost.)

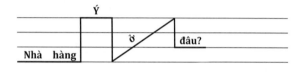

8. ***Nhà hàng Ý ở đâu?*** (Where is the ltalian restaurant?)

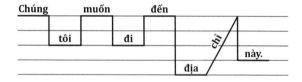

9. ***Chúng tôi muốn đi đến địa chỉ này.*** (We'd like to go to this address.)

NOTE: This book is aimed at the visitor to Vietnam who does not have time for formal language study, and needs a quick, functional grasp of language used for daily communication. Each Vietnamese word and phrase in this book is followed by a transcription in brackets, to help you approximate Vietnamese pronunciation to sounds you know in English. Tone marks have been kept in these transcriptions. If a word has only one vowel, that vowel will carry the tone mark. For words with a combination of vowels, the tone mark will usually be attached to the first vowel and the tone should be distributed equally over all the vowels in the combination. When the second vowel carries the tone mark, it means that the first vowel is much shorter than the second one.

The Vowel System

Single Vowels

a	as in *calm*
ă	like "a" as in *hot*
â	as in *run*
e	as in *bed*
ê	as in *day*
i	as in *need*
o	as in *lawn*
ô	as in *oh*
ơ	as in *sofa*
u	as in *food*
ư	as in *huh*
y	as in *need*

🎧 Vowel Combinations

ai	as in *Tha**i**land*
ao	as in *t**ow**n*
au	a combination of "ah" as in *h**o**t* and "oo" as in *f**oo**d*
ay	a combination of "ah" as in *h**o**t* and "ee" as in *n**ee**d*
âu	a combination of "o" as in *oh* and "oo" as in *f**oo**d*
ây	as in *m**ay***
eo	a combination of "e" as in *b**e**d* and "oo" as in *f**oo**d*
êu	a combination of "ay" as in *day* and "oo" as in *f**oo**d*
ia	as in *d**ea**r*
iê	as in *y**e**s*
iu	as in *h**ew***
oa	"wa" as in *mem**oi**r*
oe	as in *q**ue**st*
oi	as in *t**oy***
ôi	a combination of "o" as in *oh* and "ee" as in *n**ee**d*
ơi	a combination of "a" as in *sof**a*** and "ee" as in *n**ee**d*
ua/uâ	"wa" as in *q**ua**lm* when preceded by "q"; elsewhere a combination of "oo" as in *f**oo**d* and "a" as in *sof**a***

uê	as in _sway_
ui	as in _gooey_
uô	a combination of "oo" as in _food_ and "o" as in _oh_
uơ	as in _twirl_
uy	as in _tweet_
ưa	a combination of "uh" as in _huh_ and "a" as in _sofa_
ưi	a combination of "uh" as in _huh_ and "ee" as in _need_
ươ	a combination of "uh" as in _huh_ and "a" as in _sofa_
ưu	a combination of "uh" as in _huh_ and "oo" as in _food_
iêu	as in _yew_
oai	as in _twice_
uôi	a combination of "oo" as in _food_, "o" as in _oh_, and "ee" as in _need_
uya	a combination of "wee" as in _tweet_ and "a" as in _sofa_
uyê	a combination of "wee" as in _tweet_ and "ay" as in _may_
ươi	a combination of "uh" as in _huh_, "a" as in _sofa_, and "ee" as in _need_
ươu	a combination of "uh" as in _huh_, "a" as in _sofa_, and "oo" as in _food_

The Consonant System

Bear in mind that the rules for the pronunciation of final consonants are different. Please see page 18.

I. Initial Consonants

Single Consonants

b   as in _bet_ but softer

c   as in _can_ but softer

d   "z" as in _zenith_ (Northern dialects); otherwise, "y" as in _yes_

đ   as in _dean_ but softer

g   as in _get_ but softer (*but see* Exceptions *overleaf*)

h   as in _how_

k   as in _can_ but softer

l   as in _loan_

m   as in _mean_

n   as in _new_

q   "kw" as in _quart_ (Northern dialects); otherwise, "w" as in _well_

r   as in _read_; "z" as in _zenith_ in some Northern dialects

s   as in _soul_; "sh" as in _shoe_ in some Southern dialects

t   as in _steam_

v   as in _voice_; "y" as in _young_ in some Southern dialects

x   "s" as in _soul_

* Exceptions: In the Northern dialects **gi** is pronounced "zee" with a falling tone in the question word **gì**, and pronounced "z" in other words that begin with **gi**, such as **gia**, **gio'**, and **gió**. In the Southern dialects, **gi** is pronounced "yee" with a falling tone in the question word **gì**, and pronounced "y" in other words that begin with **gi**.

Consonant Combinations

ch	as in _chain_
gh	as in _get_ but softer
kh	as in _Bach_
ng/ngh	as in _longing_
nh	as in _lasagna_
ph	as in _farmer_
th	as in _thank_
tr	"j" as in _joy_

II. Final Consonants

Final consonants in Vietnamese are unreleased or silent. In English, for example, we pronounce a final "k" by releasing the air from our mouth in a little burst. In Vietnamese a final "k" sound is not accompanied by this burst of air; the sound having become silent or "unreleased," even though the back of the tongue needs to be pressed against the roof of the mouth to form this silent sound.

-c	as in *back* but unreleased
-m	as in *team*
-n	as in *tan*
-p	as in *sap* but unreleased
-t	as in *at* but unreleased
-ch	as in *back* but unreleased
-ng	as in *long*
-nh	"ng" as in *long*

NOTE: When the letter "a" is followed by a final "c," it doesn't change its quality; but when followed by a final "ch," it is pronounced "ai." Similarly, when "a" is followed by a final "ng," it keeps its quality; but when followed by a final "nh," it is pronounced "ai" as in *Thailand*.

các *(káhk)*	plural marker
cách *(káik)*	way, method
sang *(sahng)*	come over
sanh *(saing)*	be born

PART ONE
Common Expressions and Key Words

TITLES AND FORMS OF ADDRESS

Vietnamese forms of address indicate the social relationship between speaker and listener. Use *tôi* (formal "I") when talking to a peer, and call that peer *chị/anh* (lit., "older sister/brother"); but refer to yourself as *cháu* (lit., "niece/nephew") when speaking with a member of your parents' generation. Use *bác* (gender neutral) to address a person older than your parents, and as *cô/chú* ("aunt/uncle") if that person is younger than your parents. *Chúng tôi* and *chúng cháu* are the plural forms of *tôi* and *cháu* respectively.

Mrs., ma'am	*bà (bàh)*
Mr., Sir	*ông (ohng)*
Miss	*cô (koh)*
you	
(female peer)	*chị (chẹe)*
(male peer)	*anh (aing)*
(younger person)	*em (em)*
(person older than your parents)	*bác (báhk)*

you

   (female younger than   ***cô*** *(koh)*
   your parents)

   (male younger than   ***chú*** *(chóo)*
   your parents)

I

   (speaking to a peer)   ***tôi*** *(toh-ee)*
   (speaking to someone   ***cháu*** *(cháh-oo)*
   of your parents' generation)

We

   (speaking to a peer)   ***chúng tôi*** *(chóong toh-ee)*
   (speaking to someone of   ***chúng cháu*** *(chóong*
   your parents' generation)   *cháh-oo)*

GREETINGS AND PARTINGS

Chào means hello or goodbye. The greeting phrases "good morning," "good afternoon," and "good night" don't exist in Vietnamese. The universal greeting at any time of day is ***chào*** followed by your addressee's name.

GREETINGS AND PARTINGS

▶ **Good morning. / Goodbye.**
   (To a female older than your parents.)
   Chào bà. *(Chòw bàh.)*

▶ **Good afternoon. / Goodbye.**
(To a male older than your parents.)
Chào ông. *(Chòw ohng.)*

▶ **Good evening. / Goodbye.**
(To a female younger than your parents.)
Chào cô. *(Chòw koh.)*

▶ **Hello. / Goodbye.**
(To a female peer.)
Chào chị. *(Chòw chẹe.)*

(To a male peer.)
Chào anh. *(Chòw aing.)*

(To a younger person.)
Chào em. *(Chòw em.)*

(To a person older than your parents.)
Chào bác. *(Chòw báhk.)*

(To a female person younger than your parents.)
Chào cô. *(Chòw koh.)*

(To a male person younger than your parents.)
Chào chú. *(Chòw chóo.)*

PARTINGS (More Formal)

► **Goodbye.**
(More formal, to a female peer, especially if you won't see that person for a while.)
Tạm biệt chị. *(Tạhm byẹt chẹe.)*

(More formal, to a male peer, especially if you won't see that person for a while.)
Tạm biệt anh. *(Tạhm byẹt aing.)*

(More formal, to a younger person, especially if you won't see that person for a while.)
Tạm biệt em. *(Tạhm byẹt em.)*

(More formal, to a person older than your parents, especially if you won't see that person for a while.)
Tạm biệt bác. *(Tạhm byẹt báhk.)*

(More formal, to a female younger than your parents, especially if you won't see that person for a while.)
Tạm biệt cô. *(Tạhm byẹt koh.)*

(More formal, to a male younger than your parents, especially if you won't see that person for a while.)
Tạm biệt chú. *(Tạhm byẹt chóo.)*

SEE YOU AGAIN!

meet   *gặp (gạp)*

► **See you again.**
(To a female peer.)
Hẹn gặp lại chị. *(Hẹn gạp lại chẹe.)*

(To a male peer.)
Hẹn gặp lại anh. *(Hẹn gạp lại aing.)*

(To a younger person.)
Hẹn gặp lại em. *(Hẹn gạp lại em.)*

(To a person older than your parents.)
Hẹn gặp lại bác. *(Hẹn gạp lại báhk.)*

(To a female person younger than your parents.)
Hẹn gặp lại cô. *(Hẹn gạp lại koh.)*

(To a male person younger than your parents.)
Hẹn gặp lại chú. *(Hẹn gạp lại chóo.)*

INTRODUCTIONS

THIS IS ...

be	**là** *(làh)*
this, here	**đây** *(day)*

► **This is Mrs. Clark.**
  Đây là bà Clark. *(Day làh bàh Clark.)*

► **This is Mr. Cruise.**
  Đây là ông Cruise. *(Day làh ohng Cruise.)*

► **This is Miss Kim.**
  Đây là cô Kim. *(Day làh koh Kim.)*

► **This is Sherry.**
  Đây là chị Sherry. *(Day làh chẹe Sherry.)*

► **This is Sean.**
  Đây là anh Sean. *(Day làh aing Sean.)*

MY NAME IS ...

name   *tên* (tayn)

▶ **My name is Mary.**
   Tôi tên là Mary. (Toh-ee tayn làh Mary.)

▶ **My name is Tom.**
   Tên tôi là Tom. (Tayn toh-ee làh Tom.)

NOTE: *Tôi tên là* is more formal than *Tên tôi là.*

VERY PLEASED TO MEET YOU.

honored   *hân hạnh* (hun hạing)
pleased, happy   *vui* (voo-ee)
very   *rất* (rút)

▶ **Very pleased to meet you.** (To a female peer.)
   Rất vui được gặp chị. (Rút voo-ee dụh-ak gạp chẹe.)

   (To a male peer.)
   Rất vui được gặp anh. (Rút voo-ee dụh-ak gạp aing.)

   (To a younger person.)
   Rất vui được gặp em. (Rút voo-ee dụh-ak gạp em.)

NOTE: When introduced to older people, you should say "Very honored to meet you, Aunt/Uncle," as below:

▶ **Very honored to meet you.** (To a person older than your parents.)
Rất hân hạnh được gặp bác.
(Rút hun hạing dụh-ak gạp báhk.)

(To a female person younger than your parents.)
Rất hân hạnh được gặp cô.
(Rút hun hạing dụh-ak gạp koh.)

(To a male person younger than your parents.)
Rất hân hạnh được gặp chú.
(Rút hun hạing dụh-ak gạp chóo.)

COMMON QUESTIONS AND SUGGESTED RESPONSES

Personal questions are generally encouraged in Vietnamese culture. Friendship is formed very quickly, and strangers may talk like close friends only after a brief introduction. Prepare yourself for some culture shock when these personal questions keep coming at you wherever you go in Vietnam.

NAMES

The question word *gì* (what) is always put at the end of a question. It is pronounced "zèe" in the Northern dialects and "yèe" in the Southern dialects.

► **What's your name?** (To a female peer.)
  Chị tên là gì? *(Chẹe tayn làh zèe/yèe?)*

  (To a male peer.)
  Anh tên là gì? *(Aing tayn làh zèe/yèe?)*

  (To a younger person.)
  Em tên là gì? *(Em tayn làh zèe/yèe?)*

NOTE: When asking an older person their name, add the politeness marker *thưa* to the question as follows:

  (To a person older than your parents.)
  Thưa bác, bác tên là gì? *(Thuh-a báhk, báhk tayn làh zèe/yèe?)*

  (To a female younger than your parents.)
  Thưa cô, cô tên là gì? *(Thuh-a koh, koh tayn làh zèe/yèe?)*

▶ **What's your name?** (To a male person younger than your parents.)
Thưa chú, chú tên là gì?
(Thuh-a chóo, chóo tayn lài zèe/yèe?)

NATIONALITY

country	***nước*** *(núh-ak)*
person	***người*** *(ngùh-a-ee)*
which?	***nào?*** *(nòw?)*

▶ **Where are you from, Tom?**
Anh Tom là người nước nào?
(Aing Tom lài ngùh-a-ee núh-ak nòw?)

▶ **Where are you from, Penny?**
Chị Penny là người nước nào?
(Chẹe Penny lài ngùh-a-ee núh-ak nòw?)

COUNTRIES

America	***Mỹ*** *(Mẽe)*
Australia	***Úc*** *(Óok)*
Canada	***Gia Nã Đại*** *(Zah/Yah Nãh Dại)*
China	***Trung Quốc*** *(Joong Kóo-ak)*
Denmark	***Đan Mạch*** *(Dahn Mạik)*

England	**Anh** *(Aing)*
France	**Pháp** *(Fáhp)*
Germany	**Đức** *(Dúhk)*
Holland	**Hòa Lan** *(Hwàh Lahn)*
India	**Ấn Độ** *(Ún Dọh)*
Indonesia	**Nam Dương** *(Nahm Zuh-ang/ Yuh-ang)*
Ireland	**Ái Nhĩ Lan** *(Ái Nyĩ Lahn)*
Italy	**Ý** *(Ée)*
Japan	**Nhật** *(Nyụt)*
Malaysia	**Mã Lai** *(Mãh Lai)*
North Korea	**Bắc Hàn** *(Báhk Hàhn)*
Norway	**Na Uy** *(Nah Wee)*
Philippines	**Phi Luật Tân** *(Fee Lwụt Tun)*
Russia	**Nga** *(Ngah)*
Singapore	**Tân Gia Ba** *(Tun Zah/Yah Bah)*
South Korea	**Nam Hàn** *(Nahm Hàhn)*
Sweden	**Thụy Điển** *(Thwẹe Dyẻn)*
Switzerland	**Thụy Sĩ** *(Twẹe Sẽe)*
Thailand	**Thái Lan** *(Thái Lahn)*
Vietnam	**Việt Nam** *(Vyẹt Nahm)*

To state our nationality, we only need to affix the name of our country to the word **người** (person):

▶ **I'm American.**
  Tôi là người Mỹ. *(Toh-ee làh ngùh-a-ee Mẽe.)*

▶ **I'm French.**
Tôi là người Pháp. (Toh-ee lài ngùh-a-ee Fáhp.)

▶ **I'm Japanese.**
Tôi là người Nhật. (Toh-ee lài ngùh-a-ee Nyụt.)

▶ **I'm Australian.**
Tôi là người Úc. (Toh-ee lài ngùh-a-ee Óok.)

▶ **I'm Malaysian.**
Tôi là người Mã Lai. (Toh-ee lài ngùh-a-ee Mãh Lai.)

TALKING ABOUT FAMILY

children	*con (kawn)*
family	*gia đình (zah/yah dèeng)*
have	*có (káw)*
husband	*chồng (chòhng)*
married	*có gia đình (káw zah/yah dèeng)*
wife	*vợ (vụh)*
yet?	*chưa? (chuh-a?)*

▶ **Are you married, Kim?**
Chị Kim có gia đình chưa? (Lit. "Do you have a family yet, Kim?")
(Chẹ Kim káw zah/yah dèeng chuh-a?)

▶ **Are you married, Ken?**
Anh Ken có gia đình chưa?
(Aing ken káw zah/yah dèeng chuh-a?)

▶ **Do you have a husband yet, Kim?**
Chị Kim có chồng chưa?
(Chẹe Kim káw chòhng chuh-a?)

▶ **Do you have a wife yet, Ken?**
Anh Ken có vợ chưa?
(Aing Ken káw vụh chuh-a?)

▶ **Do you have children yet?** (To a married couple.)
Anh chị có con chưa?
(Aing chẹe káw kawn chuh-a?)

I'M SINGLE/MARRIED

already, yes	*rồi (ròh-ee)*
not yet	*chưa (chuh-a)*
single	*độc thân (dọhk thun)*
still	*còn (kàwn)*
we	*chúng tôi (chóong toh-ee)*

▶ **I'm still single.**
Tôi còn độc thân. (Toh-ee kàwn dọhk thun.)

▶ **No. I'm not married yet.**
   Chưa. Tôi chưa có gia đình.
   (Chuh-a. Toh-ee chuh-a káw zah/yah dèeng.)

The Vietnamese enjoy matchmaking and will jump
upon such a response and ask to introduce you to their
relatives or friends. If these conversations embarrass
you, show a fake wedding ring and say you are married.

▶ **Yes, I am married.**
   Rồi. Tôi có gia đình rồi. (Lit. "Already. I have a
   family already.")
   (Ròh-ee. Toh-ee káw zah/yah dèeng ròh-ee.)

▶ **Yes, I have a husband already.**
   Rồi. Tôi có chồng rồi.
   (Ròh-ee. Toh-ee káw chòhng ròh-ee.)

▶ **Yes, I have a wife already.**
   Rồi. Tôi có vợ rồi.
   (Ròh-ee. Toh-ee káw vụh ròh-ee.)

▶ **Yes, we have children already.**
   Rồi. Chúng tôi có con rồi.
   (Ròh-ee. Chóong toh-ee káw kawn ròh-ee.)

▶ **Not yet. We don't have any children yet.**
   Chưa. Chúng tôi chưa có con.
   (Chuh-a. Chóong toh-ee chuh-a káw kawn.)

WHAT WOULD YOU LIKE TO DRINK?

drink (verb)	*uống (oo-óhng)*
want, would like	*muốn (moo-óhn)*

▶ **What would you like to drink, Joyce?**
   Chị Joyce muốn uống gì?
   (Chẹe Joyce moo-óhn oo-óhng zèe/yèe?)

▶ **What would you like to drink, Nick?**
   Anh Nick muốn uống gì?
   (Aing Nick moo-óhn oo-óhng zèe/yèe?)

WATER, PLEASE.

ask, please	*xin (seen)*
cold water	*nước lạnh (núh-ak lạing)*
iced water	*nước đá (núh-ak dáh)*
no, not	*không (khohng)*
tea	*trà (jàh)*
thank	*cám ơn (káhm uhn)*
thirsty	*khát nước (kháht núh-ak)*
water	*nước (núh-ak)*

▶ **Please give me some iced water.**
  Xin cho tôi nước đá.
  (Seen chaw toh-ee núh-ak dáh.)

▶ **Please give me some tea.**
  Xin cho tôi nước trà.
  (Seen chaw toh-ee núh-ak jàh.)

▶ **No, thanks. I'm not thirsty.**
  Cám ơn, tôi không khát nước.
  (Káhm uhn, toh-ee khohng kháht núh-ak.)

NOTE: To be formal, we should always add a person's title to the expression *cám ơn*, as below.

▶ **Thank you.** (To a female peer.)
  Cám ơn chị. *(Káhm uhn chẹe.)*

▶ **Thank you.** (To a male peer.)
  Cám ơn anh. *(Káhm uhn aing.)*

▶ **Thank you.** (To a person older than your parents.)
  Cám ơn bác. *(Káhm uhn báhk.)*

HOW ARE YOU?

▶ **How are you, Hoa?**
 Chị Hoa khỏe không?
 (Chẹe Hwah khwẻ khohng?)

▶ **How are you, Don?**
 Anh Don khỏe không?
 (Aing Don khwẻ khohng?)

I'M FINE, THANK YOU.

▶ **I'm fine. Thank you, Ron.**
 Tôi khỏe. Cám ơn anh Ron.
 (Toh-ee khwẻ. Káhm uhn aing Ron.)

▶ **I'm fine. Thank you, Auntie Lien.**
 Cháu khỏe. Cám ơn bác Liên.
 (Cháh-oo khwẻ. Káhm uhn báhk Lyen.)

NOTE: When talking to those who you address as
"Auntie" or "Uncle," remember to switch from ***tôi*** to
cháu (see page 21).

INTRODUCING OTHERS

excuse me	*xin lỗi (seen lõh-ee)*
introduce	*giới thiệu (zúh-ee/yúh-ee thyẹw)*
who	*ai (ai)*

In this type of question, *ai* (who?) is the final word.

▶ **Who is this?**
Đây là ai? (Day làh ai?)

▶ **This is Khoa.**
Đây là Khoa. (Day làh Khwah.)

▶ **Excuse me. May I introduce my husband?**
Xin lỗi. Tôi xin giới thiệu chồng tôi?
*(Seen lõh-ee. Toh-ee seen zúh-ee/yúh-ee thyẹw
chòhng toh-ee?)*

NOTE: *Chồng tôi* (my husband) is the short form of
chồng của tôi (husband of mine), with *của* meaning
"of." In everyday speech, *của* is often omitted when the
meaning is clear. When in doubt, always use *của*.

▶ **my husband**
chồng của tôi (chòhng kỏo-a toh-ee)

▶ **my wife**
   vợ của tôi *(vụh kỏo-a toh-ee)*

▶ **my children**
   con của tôi *(kawn kỏo-a toh-ee)*

COMMON EXPRESSIONS AND PHRASES

a little	***một chút, một ít***
	(mọht chóot) (mọht éet)
come in	***vào*** *(vòw)*
currently (happening)	***đang*** *(dahng)*
difficult	***khó*** *(kháw)*
easier, more easily	***dễ hơn*** *(zãy/yãy huhn)*
easy	***dễ*** *(zãy/yãy)*
English language	***tiếng Anh*** *(tyéng Aing)*
explain	***giải thích*** *(zải/yải théek)*
follow	***đi theo*** *(dee the-oo)*
go	***đi*** *(dee)*
in (a language)	***bằng*** *(bàng)*
invite	***mời*** *(mùh-ee)*
know, can	***biết*** *(byét)*
language	***tiếng*** *(tyéng)*
like, enjoy	***thích*** *(théek)*
mean (verb)	***nghĩa*** *(ngẽe-a)*
more slowly	***chậm lại*** *(chụm lại)*
need	***cần*** *(kùn)*

only	**chỉ** *(chẻe)*
repeat, say again	**nói lại** *(nóy lại)*
sentence	**câu** *(koh-oo)*
sit	**ngồi** *(ngòh-ee)*
slow, slowly	**chậm** *(chụm)*
speak	**nói** *(nóy)*
study, learn	**học** *(hạwk)*
translate into	**dịch sang** *(zẹek/yẹek sahng)*
understand	**hiểu** *(hyẻw)*
very	**lắm** *(lám)*
Vietnamese language	**tiếng Việt** *(tyéng vyẹt)*
word	**chữ** *(chũh)*

▶ Please come in.
Xin mời chị vào. *(Seen mùh-ee chẹe vòw.)*

▶ Please sit down.
Xin mời chị ngồi. *(Seen mùh-ee chẹe ngòh-ee.)*

▶ Please follow me.
Xin mời anh đi theo tôi. *(Seen mùh-ee aing dee the-oo toh-ee.)*

▶ I'm sorry. I don't understand.
Xin lỗi. Tôi không hiểu. *(Seen lõh-ee. Toh-ee khohng hyẻw.)*

▶ **Please speak more slowly.**
Xin nói chậm lại. (Seen nóy chụm lại.)

▶ **Please say it again.**
Xin nói lại. (Seen nóy lại.)

▶ **I can only speak a little Vietnamese.**
Tôi chỉ biết nói một chút tiếng Việt.
(Toh-ee chẻe byét nóy mọht chóot tyéng Vyẹt.)

▶ **I'm studying Vietnamese.**
Tôi đang học tiếng Việt. (Toh-ee dahng họk tyéng
Vyẹt.)

▶ **Vietnamese is very difficult.**
Tiếng Việt khó lắm. (Tyéng Vyẹt kháw lám.)

NOTE: Both *rất* and *lắm* mean "very" and can be
used interchangeably in Vietnamese. Remember that
rất precedes the word it modifies, whereas *lắm* follows
it. In addition, *lắm* sounds more informal than *rất*.

▶ **English is easier.**
Tiếng Anh dễ hơn. (Tyéng Aing zãy/yãy huhn.)

▶ **I really enjoy studying Vietnamese.**
Tôi rất thích học tiếng Việt.
(Toh-ee rút théek họwk tyéng Vyẹt.)

► **Please explain in English.**
Xin giải thích bằng tiếng Anh.
(Seen zải/yải théek bàng tyéng Aing.)

► **Please translate this word into English.**
Xin dịch chữ này sang tiếng Anh.
(Seen zẹek/yẹek chũh nàh-ee sahng tyéng Aing.)

► **Please translate this sentence into English.**
Xin dịch câu này sang tiếng Anh.
(Seen zẹek/yẹek koh-oo nàh-ee sahng tyéng Aing.)

► **What does this word mean?**
Chữ này nghĩa là gì? *(Chũh nàh-ee ngẽe-a làh zèe/yèe?)*

► **What does this sentence mean?**
Câu này nghĩa là gì? *(Koh-oo nàh-ee ngẽe-a làh zèe/yèe?)*

KEY WORDS (TITLES, FAMILY, OCCUPATIONS)

FORMS OF ADDRESS

Mrs.	*Bà (Bàh)*
Mr.	*Ông (Ohng)*
Miss	*Cô (Koh)*

You

(a female peer)	*chị (chẹe)*
(a male peer)	*anh (aing)*
(a person older than your parents)	*bác (báhk)*
(a female person younger than your parents)	*cô (koh)*
(a male person younger than your parents)	*chú (chóo)*
(a younger person)	*em (em)*
(a person as young as your own nieces/nephews)	*cháu (cháh-oo)*
(a female teacher)	*cô (koh)*
(a male teacher)	*thầy (thày)*

FAMILY MEMBERS AND LOVED ONES

best friend	*bạn thân nhất (bạhn thun nyút)*
boyfriend	*bạn trai (bạhn jai)*
children	*con (kawn)*
close friend	*bạn thân (bạhn thun)*
cousins	*anh chị em họ (aing chẹe em hạw)*
daughter	*con gái (kawn gái)*
family	*gia đình (zah/yah dèeng)*
father	*cha, ba, bố (chah) (bah) (bóh)*
girlfriend	*bạn gái (bạhn gái)*

granddaughter	**cháu gái** *(cháh-oo gái)*
grandson	**cháu trai** *(cháh-oo jai)*
husband	**chồng** *(chòhng)*
maternal grandfather	**ông ngoại** *(ohng ngwại)*
maternal grandmother	**bà ngoại** *(bàh ngwại)*
mother	**mẹ, má** *(mẹ) (máh)*
nephew	**cháu trai** *(cháh-oo jai)*
niece	**cháu gái** *(cháh-oo gái)*
older brother	**anh** *(aing)*
older sister	**chị** *(chẹe)*
paternal grandfather	**ông nội** *(ohng nọh-ee)*
paternal grandmother	**bà nội** *(bàh nọh-ee)*
son	**con trai** *(kawn jai)*
sweetheart	**người yêu** *(ngùh-a-ee yew)*
wife	**vợ** *(vụh)*
younger brother	**em trai** *(em jai)*
younger sister	**em gái** *(em gái)*

OCCUPATIONS

architect	**kiến trúc sư** *(kyén jóok suh)*
college student	**sinh viên** *(seeng vyen)*
dentist	**nha sĩ** *(nyah sẽe)*
director	**giám đốc** *(záhm/yáhm dóhk)*

doctor	**bác sĩ** (*báhk sẽe*)
elementary/ high school student	**học sinh** (*hạwk seeng*)
employee	**nhân viên** (*nyun vyen*)
employer (female)	**bà chủ** (*bàh chỏo*)
employer (male)	**ông chủ** (*ohng chỏo*)
engineer	**kỹ sư** (*kẽe suh*)
entrepreneur	**doanh nhân** (*zwahng/jwahng nyun*)
factory worker	**công nhân** (*kohng nyun*)
farmer	**nông dân** (*nohng zun/yun*)
interpreter/ translator	**thông dịch viên** (*thohng zẹek/jẹek vyen*)
lawyer	**luật sư** (*lwụt suh*)
nurse	**y tá** (*ee táh*)
pharmacist	**dược sĩ** (*zụh-ak/yụh-ak sẽe*)
professor	**giáo sư** (*zów/yów suh*)
reporter	**phóng viên** (*fáwng vyen*)
secretary	**thư ký** (*thuh kée*)
teacher (female)	**cô giáo** (*koh zów/yów*)
teacher (male)	**thầy giáo** (*thày zów/yów*)
vice president (of a company)	**phó giám đốc** (*fáw záhm/yáhm dóhk*)

3

hai

ba

7

ín

8

bày

m

6

1

một

áu

PART TWO

Numbers, Dates, and Time

THE CARDINAL NUMBERS

1	*một*	*(mọht)*
2	*hai*	*(hai)*
3	*ba*	*(bah)*
4	*bốn*	*(bóhn)*
5	*năm*	*(nam)*
6	*sáu*	*(sáh-oo)*
7	*bảy*	*(bẢh-ee)*
8	*tám*	*(táhm)*
9	*chín*	*(chéen)*
10	*mười*	*(mùh-a-ee)*
11	*mười một*	*(mùh-a-ee mọht)*
12	*mười hai*	*(mùh-a-ee hai)*
13	*mười ba*	*(mùh-a-ee bah)*
14	*mười bốn*	*(mùh-a-ee bóhn)*
15	*mười lăm*	*(mùh-a-ee lam)*
16	*mười sáu*	*(mùh-a-ee sáh-oo)*
17	*mười bảy*	*(mùh-a-ee bẢh-ee)*
18	*mười tám*	*(mùh-a-ee táhm)*
19	*mười chín*	*(mùh-a-ee chéen)*

20	*hai mươi*	*(hai muh-a-ee)*
21	*hai mươi mốt*	*(hai muh-a-ee móht)*
22	*hai mươi hai*	*(hai muh-a-ee hai)*
23	*hai mươi ba*	*(hai muh-a-ee bah)*
24	*hai mươi bốn*	*(hai muh-a-ee bóhn)*
25	*hai mươi lăm*	*(hai muh-a-ee lam)*
26	*hai mươi sáu*	*(hai muh-a-ee sáh-oo)*
27	*hai mươi bảy*	*(hai muh-a-ee bảh-ee)*
28	*hai mươi tám*	*(hai muh-a-ee táhm)*
29	*hai mươi chín*	*(hai muh-a-ee chéen)*
30	*ba mươi*	*(bah muh-a-ee)*
31	*ba mươi mốt*	*(bah muh-a-ee móht)*
40	*bốn mươi*	*(bóhn muh-a-ee)*
50	*năm mươi*	*(nam muh-a-ee)*
60	*sáu mươi*	*(sáh-oo muh-a-ee)*
70	*bảy mươi*	*(bảh-ee muh-a-ee)*
80	*tám mươi*	*(táhm muh-a-ee)*
90	*chín mươi*	*(chéen muh-a-ee)*
100	*một trăm*	*(mọht jam)*

For the numbers 101–109, 201–209, etc. we add *lẻ* to signify "zero tens." Also note that the word for "thousand" is *ngàn* in the Southern dialects and *nghìn* in the Northern dialects.

101	*một trăm lẻ một*	*(mọht jam lẻ mọht)*
102	*một trăm lẻ hai*	*(mọht jam lẻ hai)*
103	*một trăm lẻ ba*	*(mọht jam lẻ bah)*

104	**một trăm lẻ bốn** *(mọht jam lẻ bóhn)*
105	**một trăm lẻ năm** *(mọht jam lẻ nam)*
106	**một trăm lẻ sáu** *(mọht jam lẻ sáh-oo)*
107	**một trăm lẻ bảy** *(mọht jam lẻ bảh-ee)*
108	**một trăm lẻ tám** *(mọht jam lẻ táhm)*
109	**một trăm lẻ chín** *(mọht jam lẻ chéen)*
110	**một trăm mười** *(mọht jam mùh-a-ee)*
120	**một trăm hai mươi** *(mọht jam hai muh-a-ee)*
200	**hai trăm** *(hai jam)*
201	**hai trăm lẻ một** *(hai jam lẻ mọht)*
300	**ba trăm** *(bah jam)*
400	**bốn trăm** *(bóhn jam)*
500	**năm trăm** *(nam jam)*
600	**sáu trăm** *(sáh-oo jam)*
700	**bảy trăm** *(bảh-ee jam)*
800	**tám trăm** *(táhm jam)*
900	**chín trăm** *(chéen jam)*
1,000	**một ngàn/nghìn** *(mọht ngàhn/ngèen)*

For the numbers 1,001–1,099 and 2,001–2,099, etc., we also add **không trăm** to signify "zero hundreds."

THE ORDINAL NUMBERS

To form an ordinal number, we only need to add **thứ** to the corresponding cardinal number, with the exception of 1st and 4th which have slightly different forms.

1st	***thứ nhất***	*(thúh nyút)*
2nd	***thứ hai***	*(thúh hai)*
3rd	***thứ ba***	*(thúh bah)*
4th	***thứ tư***	*(thúh tuh)*
5th	***thứ năm***	*(thúh nam)*
6th	***thứ sáu***	*(thúh sáh-oo)*
7th	***thứ bảy***	*(thúh bảh-ee)*
8th	***thứ tám***	*(thúh táhm)*
9th	***thứ chín***	*(thúh chéen)*
10th	***thứ mười***	*(thúh mùh-a-ee)*
11th	***thứ mười một***	*(thúh mùh-a-ee mọht)*
12th	***thứ mười hai***	*(thúh mùh-a-ee hai)*
15th	***thứ mười lăm***	*(thúh mùh-a-ee lam)*
20th	***thứ hai mươi***	*(thúh hai muh-a-ee)*

DAYS OF THE WEEK

day	***ngày***	*(ngàh-ee)*
week	***tuần***	*(twùn)*
Monday	***thứ hai***	*(thúh hai)*
Tuesday	***thứ ba***	*(thúh bah)*
Wednesday	***thứ tư***	*(thúh tuh)*
Thursday	***thứ năm***	*(thúh nam)*
Friday	***thứ sáu***	*(thúh sáh-oo)*
Saturday	***thứ bảy***	*(thúh bảh-ee)*
Sunday	***chủ nhật***	*(chỏo nyụt)*

MONTHS OF THE YEAR

January	*tháng một* (tháhng mọht)
February	*tháng hai* (tháhng hai)
March	*tháng ba* (tháhng bah)
April	*tháng tư* (tháhng tuh)
May	*tháng năm* (tháhng nam)
June	*tháng sáu* (tháhng sáh-oo)
July	*tháng bảy* (tháhng bảh-ee)
August	*tháng tám* (tháhng táhm)
September	*tháng chín* (tháhng chéen)
October	*tháng mười* (tháhng mùh-a-ee)
November	*tháng mười một* (tháhng mùh-a-ee mọht)
December	*tháng mười hai* (tháhng mùh-a-ee hai)

DATES

today	*hôm nay* (hohm nah-ee)
tomorrow	*ngày mai* (ngàh-ee mai)
yesterday	*hôm qua* (hohm kwah)
this week	*tuần này* (twùn nàh-ee)
next week	*tuần tới* (twùn túh-ee)
last week	*tuần trước* (twùn júh-ak)
this month	*tháng này* (tháhng nàh-ee)
next month	*tháng tới* (táhng túh-ee)
last month	*tháng trước* (tháhng júh-ak)
this year	*năm nay* (nam nah-ee)

next year   ***năm tới*** *(nam túh-ee)*
last year   ***năm ngoái*** *(nam ngwái)*

TALKING ABOUT THE DATE

▶ **What's today's date?**
   Hôm nay là ngày mấy?
   (Hohm nah-ee lài ngàh-ee máy?)

▶ **Today is March 9.**
   Hôm nay là ngày mùng chín tháng ba.
   (Hohm nah-ee lài ngàh-ee mòong chéen tháhng bah.)

NOTE: ***Mùng*** accompanies the first ten days of each month and is omitted after that.

▶ **Today is April 25.**
   Hôm nay là ngày hai mươi lăm tháng tư.
   (Hohm nah-ee lài ngàh-ee hai muh-a-ee lam tháhng tuh.)

▶ **Today is Saturday, March 22, 2025.**
   Hôm nay là thứ bảy, ngày hai mươi hai tháng ba năm hai ngàn không trăm hai mươi lăm.
   (Hohm nah-ee lài thúh bảh-ee, ngàh-ee hai muh-a-ee hai tháhng bah nam hai ngàhn khohng jam hai muh-a ee lam.)

CLASSIFIERS

Classifiers are used when counting to signify the category to which an item belongs. Without classifiers, we are talking about abstract ideas; with classifiers, we are referring to concrete objects. ***Chiếc*** is commonly used for vehicles and clothes, ***cái*** for most inanimate objects, ***con*** for animals, and ***tấm*** for thin flat things.

one bicycle	***một <u>chiếc</u> xe đạp*** *(mọht chyék se dạhp)*
one napkin	***một <u>chiếc</u> khăn giấy*** *(mọht chyék khan záy/yáy)*
two tables	***hai <u>cái</u> bàn*** *(hai kái bàhn)*
two sandwiches	***hai <u>cái</u> bánh xăng-uých*** *(hai kái báing sang wéek)*
three snakes	***ba <u>con</u> rắn*** *(bah kawn rán)*
three fish	***ba <u>con</u> cá*** *(bah kawn káh)*
four postcards	***bốn <u>tấm</u> bưu thiếp*** *(bóhn túm buh-oo thyép)*
four lottery tickets	***bốn <u>tấm</u> vé số*** *(bóhn túm vé sóh)*

HOW MANY BROTHERS AND SISTERS DO YOU HAVE?

and   *và (vàh)*

▶ **How many brothers and sisters do you have?**
Chị có bao nhiêu anh chị em?
(Chẹe káw bow nyew aing chẹe em?)

▶ **I have an older brother and two younger sisters.**
Tôi có một anh và hai em gái.
(Toh-ee káw mọht aing vàh hai em gái.)

NOTE: *Bao nhiêu* can be used with both countable nouns (e.g. dollars) and uncountable nouns (e.g. money) whereas *mấy* can only be used with countable nouns.

HOW MUCH MONEY DO YOU HAVE?

dollar   *đô (doh)*
how much?   *bao nhiêu? (bow nyew)*
money   *tiền (tyèn)*

▶ **How much money do you have?**
Anh có bao nhiêu tiền?
(Aing káw bow nyew tyèn?)

▶ **I have 90 dollars.**
Tôi có chín mươi đô.
(Toh-ee káw chéen muh-a-ee doh.)

WHAT MONTH WERE YOU BORN IN?

born   *sanh (saing)*

▶ **What month were you born in?**
Chị sanh vào tháng mấy?
(Chẹe saing vòw tháhng máy?)

▶ **I was born in November.**
Tôi sanh vào tháng mười một.
(Toh-ee saing vòw tháhng mùh-a-ee mọht.)

WHAT YEAR WERE YOU BORN IN?

▶ **What year were you born in?**
Anh sanh vào năm nào?
(Aing saing vòw nam nòw?)

▶ **I was born in 1983.**
*Tôi sanh vào năm một ngàn chín trăm tám
mươi ba.*
*(Toh-ee saing vòw nam mọht ngàhn chéen jam
táhm muh-a-ee bah.)*

COMMON CONVERSATIONS INVOLVING NUMBERS

Personal questions are characteristic of Vietnamese culture—people genuinely want to get to know you!

AGE

► **How old are you, Ruby?**
   Chị Ruby (được) bao nhiêu tuổi?
   (Chẹe Ruby [dụh-ak] bow nyew tỏo-a-ee?)

► **I am 25 years old.**
   Tôi (được) hai mươi lăm tuổi.
   (Toh-ee [dụh-ak] hai muh-a-ee lam tỏo-a-ee.)

NOTES:
*   The word ***được*** is optional; however, without it the sentence sounds rather informal.
*   Use ***bao nhiêu tuổi*** for someone over 15; use ***mấy tuổi*** for children. If in doubt, use ***bao nhiêu tuổi***.

► **How old is your child?**
   Con của chị được mấy tuổi?
   (Kawn kỏo-a chẹe dụh-ak máy tỏo-a-ee?)

ASKING AND TELLING THE TIME

morning	*sáng (sáhng)*
late morning/noon/ early afternoon	*trưa (juh-a)*
late afternoon, evening	*chiều (chyèw)*
night	*tối (tóh-ee)*
late at night	*khuya (khwee-a)*
midnight	*nửa đêm (nůh-a daym)*

NOTE: *Sáng* is used when referring to the time period between 4 AM and 10 AM; *trưa* from 11 AM to 2 PM; *chiều* from 3 PM to 6 PM; *tối* after 6 PM and until 10 PM; after that it is either *đêm* or *khuya*. These concepts may vary slightly from region to region.

WHAT TIME IS IT?

half (an hour)	*rưỡi (rũh-a-ee)*
hour, time	*giờ (zùh/yùh)*
minus	*kém (kém)*
minute	*phút (fóot)*

▶ **What time is it?**
    Mấy giờ rồi?
    (Máy zùh/yùh ròh-ee?)

8:30	***tám giờ ba mươi*** *(táhm zùh/yùh* *bah muh-a-ee)*
8:00 AM	***tám giờ sáng*** *(táhm zùh/yùh sáhng)*
8:00 PM	***tám giờ tối*** *(táhm zùh/yùh tóh-ee)*
12:00 AM	***mười hai giờ đêm*** *(mùh-a-ee hai zùh/* *yùh daym)*
12:00 PM	***mười hai giờ trưa*** *(mùh-a-ee hai zùh/* *yùh juh-a)*
5:00 PM	***năm giờ chiều*** *(nam zùh/yùh chyèw)*

▶ **a quarter to seven**
bảy giờ kém mười lăm
(bảh-ee zùh/yùh kém mùh-a-ee lam)

▶ **twelve minutes past nine**
chín giờ mười hai phút
(chéen zùh/yùh mùh-a-ee hai fóot)

▶ **four forty-six**
bốn giờ bốn mươi sáu phút
(bóhn zùh/yùh bóhn muh-a-ee sáh-oo fóot)

NOTE: *Phút* (minute) is normally omitted when the number we are saying is 5 or a multiple of 5.

PART THREE

Getting Around

DIRECTIONS

address	**địa chỉ** *(dẹe-a chẻe)*
approximately, about	**khoảng** *(khwảhng)*
ask for directions	**hỏi đường** *(hỏy dùh-ang)*
city blocks	**dãy phố** *(zãh-ee/yãh-ee fóh)*
east	**đông** *(dohng)*
give directions, direct	**chỉ đường** *(chẻe dùh-ang)*
go straight	**đi thẳng** *(dee thẳng)*
here	**đây** *(day)*
intersection	**ngã tư** *(ngãh tuh)*
lost	**lạc đường** *(lạhk dùh-ang)*
map	**bản đồ** *(bảhn dòh)*
north	**bắc** *(báhk)*
on the left-hand side	**bên tay trái** *(bayn tah-ee jáh-ee)*
on the right-hand side	**bên tay phải** *(bayn tah-ee fải)*
over there	**đằng kia** *(dàng kee-a)*
south	**nam** *(nahm)*
street	**đường** *(dùh-ang)*

turn left	*rẽ trái* (rẽ jái)
turn right	*rẽ phải* (rẽ fải)
west	*tây* (tay)

I'M LOST.

The word *bị* is used to express a negative thing that happens to you.

▶ **I'm lost.**
 Tôi bị lạc đường.
 (Toh-ee bẹe lạhk dùh-ang.)

▶ **We're lost.**
 Chúng tôi bị lạc đường.
 (Chóong toh-ee bẹe lạhk dùh-ang.)

WHERE DO YOU WANT TO GO?

The question word *đâu* (where) is always put at the end of the question. It is preceded by the word *ở* (at) when talking about a specific location.

► **Where do you want to go?**
Các anh chị muốn đi đâu?
(Káhk aing chẹe moo-óhn dee doh-oo?)

NOTE: The word *các* is a plural marker, used when addressing two persons or more.

► **Where is Le Loi Street?**
Đường Lê Lợi ở đâu?
(Dùh-ang Ley Lụh-ee ủh doh-oo?)

► **Where is the Italian restaurant?**
Nhà hàng Ý ở đâu?
(Nyàh hàhng Ée ủh doh-oo?)

WE'D LIKE TO GO TO ...

► **We'd like to go to this address.**
Chúng tôi muốn đi đến địa chỉ này.
(Chóong toh-ee moo-óhn dee dáyn dẹe-a chẻe nàh-ee.)

► **I'd like to go to the Hotel Rex.**
Tôi muốn đi đến Khách Sạn Rex.
(Toh-ee moo-óhn dee dáyn Kháik Sạhn Rex.)

▶ **Could you direct us to Ben Thanh Market, please?**
Xin chỉ đường cho chúng tôi đến Chợ Bến Thành?
(Seen chẻe dùh-ang chaw chóong toh-ee dáyn Chụh Báyn Thàing?)

GIVING DIRECTIONS

▶ **Go straight down this street.**
Đi thẳng trên đường này.
(Dee thẳng jayn dùh-ang nàh-ee.)

▶ **Go about four blocks.**
Đi khoảng bốn dãy phố.
(Dee khwảhng bóhn zãh-ee/yãh-ee fóh.)

▶ **Go to the intersection over there.**
Đi đến ngã tư đằng kia.
(Dee dáyn ngãh tuh dàng kee-a.)

▶ **Turn right and go one block.**
Rẽ phải và đi một dãy phố.
(Rẽ fải vàh dee mọht zãh-ee/yãh-ee fóh.)

► **Then turn left and go two more blocks.**
  Rồi rẽ trái và đi thêm hai dãy phố.
  (Ròh-ee rẽ jái vàh dee thaym hai zãh-ee/yãh-ee fóh.)

► **The market will be on the right-hand side.**
  Chợ sẽ ở bên tay phải.
  (Chụh sẽ ủh bayn tah-ee fải.)

WHICH STREET TAKES YOU TO ...?

► **Which street takes you to the post office?**
  Đường nào đi đến bưu điện?
  (Dùh-ang nòw dee dáyn buh-oo dyẹn?)

► **Which street takes you to the beach?**
  Đường nào đi ra bãi biển?
  (Dùh-ang nòw dee rah bãi byẻn?)

I NEED ...

► **I need to buy a street map.**
  Tôi cần mua một bản đồ chỉ đường.
  (Toh-ee kùn moo-a mọht bẩn dòh chẻe dùh-ang.)

► We need an interpreter.
Chúng tôi cần một thông dịch viên.
(Chóong toh-ee kùn mọht thohng zẹek/yẹek vyen.)

► Thank you for helping us.
Cám ơn đã giúp chúng tôi.
(Cáhm uhn dãh zóop/yóop chóong toh-ee.)

AIRPORTS AND AIRLINES

airlines	*hãng hàng không*
	(hãhng hàhng khohng)
airplane	*máy bay*
	(máh-ee bah-ee)
airport	*phi trường*
	(fee jùh-ang)
aisle seat	*ghế cạnh lối đi*
	(géh kạing lóh-ee dee)
arrival time	*giờ đến* *(zùh/yùh dáyn)*
arriving flight	*chuyến bay đến*
	(chwée-an bah-ee dáyn)
at (a certain time)	*lúc (lóok)*
baggage, luggage	*hành lý* *(hàing lée)*
boarding time	*giờ lên máy bay*
	(zùh/yùh layn máh-ee bah-ee)
carry-on	*hành lý xách tay*
	(hàing lée sáik tah-ee)

check (one's bags)	**gửi** *(gủh-ee)*
departing flight	**chuyến bay đi** *(chwée-an bah-ee dee)*
departure time	**giờ khởi hành** *(zùh/yùh khủh-ee hàing)*
flight	**chuyến bay** *(chwée-an bah-ee)*
flight number	**chuyến bay số** *(chwée-an bah-ee sóh)*
gate number	**cổng số** *(kổhng sóh)*
middle seat	**ghế giữa** *(géh zũh-a/yũh-a)*
one-way	**một chiều** *(mọht chyèw)*
passenger	**hành khách** *(hàing kháik)*
passport	**hộ chiếu** *(họh chyéw)*
plane ticket	**vé máy bay** *(vé máh-ee bah-ee)*
price	**giá** *(záh/yáh)*
round-trip	**khứ hồi** *(khúh hòh-ee)*
security check	**kiểm soát an ninh** *(kyểm swáht ahn neeng)*
suitcase	**va-li** *(vah lee)*
what time?	**lúc mấy giờ?** *(lóok máy zùh/yùh?)*
window seat	**ghế cạnh cửa sổ** *(géh kạing kủh-a sỏh)*

I'D LIKE TO FLY TO ...

▶ **I want to fly to Nha Trang.**
Tôi muốn bay đến Nha Trang.
(Toh-ee moo-óhn bah-ee dáyn Nyah Jahng.)

▶ **I'd like to fly from Tan Son Nhat Airport to Hue.**
Tôi muốn bay từ phi trường Tân Sơn Nhất đến Huế.
(Toh-ee moo-óhn bah-ee tùh fee jùh-ang Tun Suhn Nyút dáyn Hwéh.)

▶ **We'd like to fly Vietnam Airlines.**
Chúng tôi muốn mua vé máy bay của Vietnam Airlines.
(Chóong toh-ee moo-óhn moo-a vé máh-ee bah-ee kỏo-a Vietnam Airlines.)

▶ **I'd like a window seat.**
Tôi muốn ghế cạnh cửa sổ.
(Toh-ee moo-óhn géh kạing kủh-a sỏh.)

HOW MUCH IS A PLANE TICKET?

how much?   *giá bao nhiêu?* (záh/yáh bow nyew)

▶ **How much is a round-trip ticket?**
Vé khứ hồi giá bao nhiêu?
(Vé khúh hòh-ee záh/yáh bow nyew?)

▶ **How much is a one-way ticket?**
Vé một chiều giá bao nhiêu?
(Vé mọht chyèw záh/yáh bow nyew?)

BEFORE BOARDING

▶ **Here is my passport.**
Đây là hộ chiếu của tôi.
(Day lài họh chyéw kỏo-a toh-ee.)

▶ **I want to check three bags.**
Tôi muốn gửi ba va-li.
(Toh-ee moo-óhn gủh-ee bah vah lee.)

▶ **This is my carry-on.**
Đây là hành lý xách tay của tôi.
(Day là hàing lée sáik tah-ee kỏo-a toh-ee.)

► **What time does my flight depart?**
  Chuyến bay của tôi khởi hành lúc mấy giờ?
  (Chwée-an bah-ee kỏo-a toh-ee khủh-ee hàing lóok máy zùh/yùh?)

► **What's my gate number?**
  Cổng số mấy? *(Kỏhng sóh máy?)*

HOTELS AND RESORTS

air conditioner	***máy lạnh*** *(máh-ee lạing)*
all the conveniences	***đầy đủ tiện nghi*** *(dày dỏo tyẹn ngee)*
bar	***quán rượu*** *(kwáhn rụh-a-oo)*
cancel one's reservation	***hủy phòng đã đặt*** *(hwẻe fàwng dãh dạt)*
cash	***tiền mặt*** *(tyèn mạt)*
change rooms	***đổi phòng*** *(dỏh-ee fàwng)*
complaint	***khiếu nại*** *(khyéw nại)*
confirm	***xác nhận*** *(sáhk nyụn)*
conveniences	***tiện nghi*** *(tyẹn ngee)*
credit card	***thẻ tín dụng*** *(thẻ téen zọong/yọong)*
double room	***phòng đôi*** *(fàwng doh-ee)*
fee	***phí*** *(fée)*
floor	***lầu*** *(lòh-oo)*
for rent	***cho thuê*** *(chaw thway)*

front desk	***bàn tiếp tân*** *(bàhn tyép tun)*
have to	***phải*** *(fải)*
hot water	***nước nóng*** *(núh-ak náwng)*
hotel	***khách sạn*** *(kháik sạhn)*
hotel maid	***người dọn phòng*** *(ngùh-a-ee zạwn/yạwn fàwng)*
motorboat	***ca-nô*** *(kah noh)*
on	***trên*** *(jayn)*
pay	***trả, trả tiền*** *(jảh) (jảh tyèn)*
receipt	***biên lai*** *(byen lai)*
reserve a room	***đặt phòng*** *(dạt fàwng)*
resort	***khu nghỉ mát*** *(khoo ngẻe máht)*
room key	***chìa khóa phòng*** *(chèe-a khwáhh fàwng)*
room rates	***giá phòng*** *(záh/yáh fàwng)*
single room	***phòng đơn*** *(fàwng duhn)*
stay	***ở*** *(ủh)*
swimming pool	***hồ bơi*** *(hòh buh-ee)*
television	***ti-vi*** *(tee vee)*
vacancy	***phòng trống*** *(fàwng jóhng)*

MAKING A HOTEL RESERVATION

▶ **Are there any vacancies in this hotel?**
   Khách sạn có phòng trống không?
   (Kháik sạhn káw fàwng jóhng khohng?)

▶ **We need a double room.**
Chúng tôi cần một phòng đôi.
(Chóong toh-ee kùn mọht fàwng doh-ee.)

▶ **What floor is it on?**
Trên lầu mấy? (Jayn lòh-oo máy?)

▶ **Is there an air-conditioner?**
Có máy lạnh không?
(Káw máh-ee lạing khohng?)

▶ **Does the hotel have a restaurant?**
Khách sạn có nhà hàng không?
(Kháik sạhn káw nyàh hàhng khohng?)

▶ **Does the hotel have a swimming pool?**
Khách sạn có hồ bơi không?
(Kháik sạhn káw hòh buh-ee khohng?)

▶ **What's the room rate?**
Giá phòng là bao nhiêu?
(Záh/yáh fàwng làh bow nyew?)

▶ **We will stay for 5 days.**
Chúng tôi sẽ ở năm ngày.
(Chóong toh-ee sẽ ủh nam ngàh-ee.)

► **We will stay from today until Saturday.**
Chúng tôi sẽ ở từ hôm nay cho đến thứ bảy.
(Chóong toh-ee sẽ ủh tùh hohm nah-ee chaw dáyn thúh bảh-ee.)

► **Do I have to pay a fee if I want to change rooms?**
Tôi có phải trả một khoản phí nếu muốn đổi phòng không?
(Toh-ee káw fải jảh mọht khwảhn fée néh-oo moo-óhn dỏh-ee fàwng khohng?)

► **Can we pay by credit card?**
Chúng tôi trả bằng thẻ tín dụng được không?
(Chóong toh-ee jảh bàng thẻ téen zọong/yọong dụh-ak khohng?)

► **Can I pay in cash?**
Tôi trả bằng tiền mặt được không?
(Toh-ee jảh bàng tyèn mạt dụh-ak khohng?)

► **Can we have a receipt?**
Cho chúng tôi xin biên lai?
(Cho chóong toh-ee seen byen lai?)

FORMS OF TRANSPORT

TAKING A CAB OR A TAXI

cab driver	*tài xế tắc-xi* *(tài séh ták see)*
cab fare	*giá cước* *(záh/yáh kúh-ak)*
change (money given back)	*tiền thối lại* *(tyèn thók-ee lại)*
come back, be back	*trở lại* *(jủh lại)*
drive	*chở, lái* *(chủh) (lái)*
expensive	*mắc* *(mák)*
how long?	*mất bao lâu?* *(mút bow loh-oo?)*
immediately	*ngay* *(ngah-ee)*
keep the change	*không cần thối lại* *(khohng kùn thók-ee lại)*
motor-taxi	*xe ôm* *(se ohm)*
so, too	*quá* *(kwáh)*
stop	*ngừng lại* *(ngùhng lại)*
taxi, cab	*xe tắc-xi* *(se ták see)*
wait	*chờ* *(chùh)*

NOTE: The word *ôm* means "hug." A motor-taxi is called *xe ôm* as you might need to hug the driver to avoid falling off, especially if the bike hits a pothole.

▶ **We need a cab.**
Chúng tôi cần một chiếc tắc-xi.
(Chóong toh-ee kùn một chyék ták see.)

▶ **Please drive us to Tan Son Nhat Airport.**
*Xin chở chúng tôi đến phi trường Tân Sơn
Nhất. (Seen hủh chóong toh-ee dáyn fee jùh-ang
Tun Suhn Nyút.)*

▶ **How long does it take to get there?**
Đi đến đó mất bao lâu?
(Dee dáyn dáw mút bow loh-oo?)

▶ **Can you wait for five minutes?**
Anh chờ năm phút được không?
(Aing chùh nam fóot dụh-ak khohng?)

▶ **I'll be right back.**
Tôi sẽ trở lại ngay. (Toh-ee sẽ jủh lại ngah-ee.)

▶ **How much is the cab fare?**
Giá cước là bao nhiêu?
(Záh/yáh kúh-ak lành bow nyew?)

▶ **So expensive!**
Mắc quá! (Mák kwáh!)

▶ **Please drive more slowly!**
Xin lái chậm lại! (Seen lái chụm lại!)

▶ **Stop here, please.**
Xin ngừng lại. (Seen ngùhng lại.)

▶ **How much do I have to pay?**
Tôi phải trả bao nhiêu?
(Toh-ee fải jảh bow nyew?)

▶ **You can keep the change.**
Anh không cần thối lại.
(Aing khohng kùn thóh-ee lại.)

TAKING A TRAIN

arriving train	*chuyến đến* (chwée-an dáyn)
departing train	*chuyến đi* (chwée-an dee)
passenger train	*xe lửa chở khách* (se lửh-a chủh kháik)
railroad map	*bản đồ đường sắt* (bảhn dòh dùh-ang sát)
sleeping car	*toa có giường nằm* (twah káw zùh-ang/yùh-ang nàm)
ticket collector	*nhân viên soát vé* (nyun vyen swáht vé)
ticket office	*phòng bán vé* (fàwng báhn vé)

ticket window	*cửa bán vé (kủh-a bánh vé)*
timetable, schedule	*thời gian biểu (thừ-ee zahn/yahn byẻw)*
train	*xe lửa (se lủh-a)*
train car	*toa xe lửa (twah se lủh-a)*
train station	*ga (gah)*
train ticket	*vé xe lửa (vé se lủh-a)*
waiting area	*phòng chờ (fàwng chùh)*

► **Where is the ticket office?**
Phòng bán vé ở đâu?
(Fàwng bánh vé ủh doh-oo?)

► **We want to buy two train tickets to Saigon.**
Chúng tôi muốn mua hai vé xe lửa đi Sài Gòn.
(Chóong toh-ee moo-óhn moo-a hai vé se lủh-a dee Sài Gàwn.)

► **What time does the train depart?**
Xe lửa khởi hành lúc mấy giờ?
(Se lủh-a khủh-ee hàing lóok máy zùh/yùh?)

► **What time does the train arrive in Saigon?**
Xe lửa đến Sài Gòn lúc mấy giờ?
(Se lủh-a dáyn Sài Gàwn lóok máy zùh/yùh?)

TRAVELING BY SHIP

cruise ship	**tàu biển** *(tàh-oo byẻn)*
dock (verb)	**cập bến** *(kụp báyn)*
information	**thông tin** *(thohng teen)*
ship	**tàu thủy** *(tàh-oo twẻe)*
wharf, pier	**bến tàu** *(báyn tàh-oo)*

▶ **I need some information.**
   Tôi cần một ít thông tin.
   (Toh-ee kùn mọht ít thohng teen.)

▶ **What time does the ship leave the wharf?**
   Tàu rời bến lúc mấy giờ?
   (Tàh-oo rùh-ee báyn lóok máy zùh/yùh?)

▶ **What time does the ship dock?**
   Tàu cập bến lúc mấy giờ?
   (Tàh-oo kụp báyn lóok máy zùh/yùh?)

RIDING A BUS

bus	**xe buýt** *(se bwéet)*
bus station	**bến xe buýt** *(báyn se bwéet)*
bus stop	**trạm xe buýt** *(jạhm se bwéet)*
bus fare	**giá vé xe buýt** *(záh/yáh vé se bwéet)*
get off	**xuống** *(soo-óhng)*
get on	**lên** *(layn)*

▶ **Where's the bus station?**
Bến xe buýt ở đâu? (Báyn se bwéet ủh doh-oo?)

▶ **Where's the nearest bus stop?**
Trạm xe buýt nào gần đây nhất?
(Jạhm se bwéet nòw gùn day nyút?)

▶ **How much is the bus fare?**
Một vé xe buýt giá bao nhiêu?
(Mọht vé se bwéet záh/yáh bow nyew?)

▶ **I want to get off at Ben Thanh Market.**
Tôi muốn xuống ở Chợ Bến Thành.
(Toh-ee moo-óhn soo-óhng ủh Chụh Báyn Thàing.)

RENTING A CAR

car	*xe hơi (se huh-ee)*
chauffeur	*tài xế (tài séh)*
driver's license	*bằng lái (bàng lái)*
include	*bao gồm (bow gòhm)*
insurance	*bảo hiểm (bỏw hyẻm)*
mileage	*số dặm (sóh zạm/yạm)*
on (a certain day)	*vào (vòw)*
parking lot	*bãi đậu xe (bãi dọh-oo se)*
pick up (a car)	*lấy (láy)*
rent	*thuê (thway)*

rental car   *xe thuê (se thway)*
return (a car)   *trả (jảh)*
will (future   *sẽ (sẽ)*
  tense marker)

▶ **We need to rent a car.**
    Chúng tôi cần thuê một chiếc xe hơi.
    (Chóong toh-ee kùn thway mọht chyék se huh-ee.)

▶ **We also need a chauffeur.**
    Chúng tôi cũng cần một tài xế.
    (Chóong toh-ee kõong kùn mọht tài séh.)

▶ **We need a car with air conditioning.**
    Chúng tôi cần xe hơi có máy lạnh.
    (Chóong toh-ee kùn se huh-ee káw máh-ee lạing.)

▶ **We need the car for ten days.**
    Chúng tôi cần thuê xe hơi mười ngày.
    *(Chóong toh-ee kùn thway se huh-ee mùh-a-ee
    ngàh-ee.)*

▶ **How much is it per day?**
    Một ngày giá bao nhiêu?
    (Mọht ngàh-ee záh/yáh bow nyew?)

▶ **Does the price include insurance and mileage?**
   Giá này có bao gồm bảo hiểm và số dặm không?
   (Záh/yáh nàh-ee káw bow gòhm bỏw hyẻm vàh sóh zạm/yạm khohng?)

▶ **We'll pick up the car at 10:00 AM.**
   Chúng tôi sẽ lấy xe hơi lúc mười giờ sáng.
   (Chóong toh-ee sẽ láy se huh-ee lóok mùh-a-ee zùh/yùh sáhng.)

▶ **We'll return the car on August 12, at 7:00 PM.**
   Chúng tôi sẽ trả xe hơi vào ngày mười hai tháng tám, lúc bảy giờ tối.
   (Chóong toh-ee sẽ jảh se huh-ee vòw ngàh-ee mùh-a-ee hai tháhng táhm, lóok bảh-ee zùh/yùh tóh-ee.)

OTHER TRANSPORT VOCABULARY

bike	*xe đạp (se dạhp)*
city	*thành phố (thàing fóh)*
cyclo	*xe xích-lô (se séek loh)*
get around	*đi quanh (dee kwahng)*
motorbike	*xe gắn máy (se gán máh-ee)*
new	*mới (múh-ee)*
used	*cũ (kõo)*

▶ **I need to rent a motorbike to get around the city.**
Tôi cần thuê một chiếc xe gắn máy để đi quanh thành phố.
(Toh-ee kùn thway mọht chyék se gán máh-ee dẻh dee kwahng thàing fóh.)

▶ **I need a cyclo to go to the movie theater.**
Tôi cần một chiếc xích-lô để đi đến rạp xi nê.
(Toh-ee kùn mọht chyék séek loh dẻh dee dáyn rạhp see nay.)

▶ **I want to buy a new bike.**
Tôi muốn mua một chiếc xe đạp mới.
(Toh-ee moo-óhn moo-a mọht chyék se dạhp múh-ee.)

PART FOUR
Emergencies and Essentials

HEALTH

PARTS OF THE BODY

arm	*cánh tay (káing tah-ee)*
back	*lưng (luhng)*
chest	*ngực (nguhk)*
ear	*tai (tai)*
eye	*mắt (mát)*
finger	*ngón tay (ngáwn tah-ee)*
foot	*bàn chân (bàhn chun)*
hand	*bàn tay (bàhn tah-ee)*
head	*đầu (dòh-oo)*
heart	*tim (teem)*
heel	*gót chân (gáwt chun)*
hip	*hông (hohng)*
knee	*đầu gối (dòh-oo góh-ee)*
leg	*cẳng chân (kảng chun)*
lip	*môi (moh-ee)*
mouth	*miệng (myẹng)*
neck	*cổ (kỏh)*

nose	**mũi** *(mõo-ee)*
shoulder	**vai** *(vai)*
skin	**da** *(zah/yah)*
stomach	**bụng** *(bọong)*
throat	**họng** *(hạwng)*
thumb	**ngón tay cái** *(ngáwn tah-ee kái)*
tongue	**lưỡi** *(lũh-a-ee)*
tooth	**răng** *(rang)*
wrist	**cổ tay** *(kỏh tah-ee)*

SOMETHING'S THE MATTER

accident	**tai nạn** *(tai nạhn)*
ago, before	**cách đây** *(káik day)*
allergy	**dị ứng** *(zẹe/yẹe úhng)*
ambulance	**xe cứu thương** *(se kúh-oo thuh-ang)*
antibiotic	**thuốc trụ sinh** *(thoo-óhk jọo seeng)*
bad, severe	**nặng** *(nạng)*
bleed	**chảy máu** *(chảh-ee máh-oo)*
blood	**máu** *(máh-oo)*
blood test	**thử máu** *(thủh máh-oo)*
breathing difficulty	**khó thở** *(kháw thủh)*
burn (verb)	**bị phỏng** *(bẹe fảwng)*
chills	**ớn lạnh** *(úhn lạing)*
can, be able to	**có thể** *(káw thẻh)*

cold (ailment)	***cảm*** *(kảhm)*
cut oneself	***bị đứt*** *(bẹe dúht)*
dentist	***nha sĩ*** *(nya sẽe)*
diarrhea	***tiêu chảy*** *(tyew chảh-ee)*
dizziness	***chóng mặt*** *(cháwng mạt)*
doctor	***bác sĩ*** *(báhk sẽe)*
ear infection	***nhiễm trùng tai***
	(nyễm jòong tai)
emergency	***cấp cứu*** *(kúp kúh-oo)*
faint (verb)	***xỉu*** *(syẻw)*
fever	***sốt*** *(sóht)*
follow-up	***tái khám*** *(tái kháhm)*
food poisoning	***trúng thực*** *(jóong thụhk)*
go home	***về nhà*** *(vèh nyàh)*
headache	***nhức đầu*** *(nyúhk dòh-oo)*
heart attack	***cơn đau tim*** *(kuhn dah-oo teem)*
heat stroke	***trúng nắng*** *(jóong náng)*
hospital	***bệnh viện*** *(bạyng vỵen)*
hurt (verb)	***bị đau*** *(bẹe dah-oo)*
infected	***bị nhiễm trùng*** *(bẹe nyễm jòong)*
infection	***nhiễm trùng*** *(nyễm jòong)*
injection	***chích ngừa*** *(chéek ngùh-a)*
injury	***bị thương*** *(bẹe thuh-ang)*
itchy	***bị ngứa*** *(bẹe ngúh-a)*
mosquito bites	***vết muỗi cắn***
	(véht mõo-a-ee kán)
nausea	***buồn ói*** *(boo-òhn óy)*
perhaps	***có lẽ*** *(káw lẽ)*

sick, ill	**bị bệnh** *(bẹe bạyng)*
stomachache	**đau bụng** *(dah-oo bọong)*
symptom	**triệu chứng** *(jẹw chúhng)*
test	**thử nghiệm** *(thủh ngyẹm)*
toothache	**đau răng** *(dah-oo rang)*
urinary tract infection	**nhiễm trùng đường tiểu** *(nyễm jòong dùh-ang tyẻw)*
vomit (verb)	**ói** *(óy)*
when?	**khi nào?** *(khee nòw?)*
wound	**vết thương** *(véht thuh-ang)*

► My back hurts.
Lưng tôi bị đau. *(Luhng toh-ee bẹe dah-oo.)*

► I burned my hand.
Tay tôi bị phỏng. *(Tah-ee toh-ee bẹe fảwng.)*

► Please call an ambulance.
Xin gọi xe cứu thương.
(Seen gọy se kúh-oo thuh-ang.)

► My husband has had an accident.
Chồng tôi bị tai nạn. *(Chòhng toh-ee bẹe tai nạhn.)*

► Perhaps I have food poisoning.
Có lẽ tôi bị trúng thực.
(Káw lẽ toh-ee bẹe jóong thụhk.)

▶ **I have a high fever.**
Tôi bị sốt cao. *(Toh-ee bẹe sóht kow.)*

▶ **I need to go to a hospital.**
Tôi cần đi bệnh viện. *(Toh-ee kùn dee bạyng vyẹn.)*

▶ **Last week I had a bad cold.**
Tuần trước tôi bị cảm nặng.
(Twùn júh-ak toh-ee bẹe kảhm nạng.)

▶ **I cannot sleep because of my toothache.**
Tôi không ngủ được vì bị đau răng.
(Toh-ee khohng ngỏo dụh-ak vèe bẹe dah-oo rang.)

▶ **Last night I had diarrhea.**
Tối hôm qua tôi bị đi tiêu chảy.
(Tóh-ee hohm kwah toh-ee bẹe dee tyew chảh-ee.)

▶ **I got injured two days ago.**
Tôi bị thương hai ngày trước.
(Toh-ee bẹe thuh-ang hai ngàh-ee júh-ak.)

▶ **Is my wound getting infected?**
Vết thương của tôi có bị nhiễm trùng không?
(Véht thuh-ang kỏo-a toh-ee káw bẹe nyễm jòong khohng?)

▶ **Do I need any tests?**
  Tôi có cần làm thử nghiệm không?
  (Toh-ee káw kùn làhm thủh ngyẹm khohng?)

▶ **Do I need a blood test?**
  Tôi có cần thử máu không?
  (Toh-ee káw kùn thủh máh-oo khohng?)

▶ **When can I go home, Doctor?**
  Khi nào tôi có thể về nhà, thưa bác sĩ?
  (Khee nòw toh-ee káw thẻh vèh nyàh, thuh-a báhk sĩ?)

▶ **You'll have to stay in the hospital for a week.**
  Anh cần ở trong bệnh viện một tuần.
  (Aing kùn ủh jawng bạyng vyẹn mọht twùn.)

▶ **Here's your prescription.**
  Đây là toa thuốc của chị.
  (Day làh twah thoo-óhk kủo-a chẹe.)

▶ **When do I come back for a follow-up?**
  Bao giờ tôi trở lại tái khám?
  (Bow zùh/yùh toh-ee jủh lại tái kháhm?)

▶ **Where's the pharmacy?**
  Nhà thuốc tây ở đâu?
  (Nyàh thoo-óhk tay ủh doh-oo?)

AT THE PHARMACY

antifungal medication	**thuốc trị nấm** *(thoo-óhk jẹe núm)*
antiseptic	**thuốc khử trùng** *(thoo-óhk khủh jòong)*
asthma	**bệnh suyễn** *(bạyng swẽe-an)*
back support	**băng nẹp lưng** *(bang nẹp luhng)*
bandage	**băng cứu thương** *(bang kúh-oo thuh-ang)*
Band-Aid	**băng cá nhân** *(bang káh nyun)*
cortisone	**coóc-ti-zôn** *(káwk tee zohn)*
cough (verb)	**ho** *(haw)*
dermatitis	**bệnh viêm da** *(bạyng vyem zah/yah)*
disinfectant	**thuốc sát trùng** *(thoo-óhk sáht jòong)*
dry skin	**khô da** *(khoh zah/yah)*
eucalyptus oil	**dầu khuynh diệp** *(zòh-oo/yòh-oo khweeng zẹe-ap/yẹe-ap)*
flu	**cúm** *(kóom)*
flu shot	**chích ngừa cúm** *(chéek ngùh-a kóom)*
kind, type	**loại** *(lwại)*
medicated oil	**dầu gió** *(zòh-oo/yòh-oo záw/yáw)*
medicine, medication	**thuốc** *(thoo-óhk)*
mosquito repellent	**kem chống muỗi** *(kem chóhng mỗo-a-ee)*
ointment	**thuốc bôi** *(thoo-óhk boh-ee)*
pharmacist	**dược sĩ** *(zụh-ak/yụh-ak sẽe)*

pharmacy	**nhà thuốc tây** *(nyàh thoo-óhk tay)*
prescription	**toa thuốc** *(twah thoo-óhk)*
ready	**sẵn sàng** *(sãn sàhng)*
sleeping pills	**thuốc ngủ** *(thoo-óhk ngỏo)*
sore throat	**sưng họng** *(suhng hạwng)*
wrist support	**băng nẹp cổ tay**
	(bang nẹp kỏh tah-ee)

▶ **Here's my prescription.**
   Đây là toa thuốc của tôi.
   (Day lào twah thoo-óhk kỏo-a toh-ee.)

▶ **I need to buy some Band-Aids.**
   Tôi cần mua băng cá nhân.
   (Toh-ee kùn moo-a bang káh nyun.)

▶ **I need a flu shot.**
   Tôi cần chích ngừa cúm.
   (Toh-ee kùn chéek ngùh-a kóom.)

▶ **Is my medication ready yet?**
   Thuốc của tôi đã sẵn sàng chưa?
   (Thoo-óhk kỏo-a toh-ee dãh sãn sàhng chuh-a?)

▶ **I will come back tomorrow.**
   Tôi sẽ trở lại vào ngày mai.
   (Toh-ee sẽ jủh lại vòw ngàh-ee mai.)

▶ **Do you have any cold medicine?**
Có thuốc cảm không?
(Káw thoo-óhk kảhm khohng?)

▶ **Do you sell sleeping pills?**
Có bán thuốc ngủ không?
(Káw báhn thoo-óhk ngỏo khohng?)

▶ **Do you have anything for a headache?**
Có thuốc nhức đầu không?
(Káw thoo-óhk nyúhk dòh-oo khohng?)

▶ **I need this prescription filled.**
Tôi muốn mua thuốc theo toa này.
(Toh-ee moo-óhn moo-a thoo-óhk the-oo twah nàh-ee.)

▶ **I need a bottle of disinfectant.**
Tôi cần một chai thuốc sát trùng.
(Toh-ee kùn mọht chai thoo-óhk sáht jòong.)

▶ **I want to buy some cough medicine.**
Tôi muốn mua thuốc ho.
(Toh-ee moo-óhn moo-a thoo-óhk haw.)

▶ **I have allergies. What medicine do I need to buy?**
Tôi bị dị ứng. Tôi cần mua thuốc gì?
(Toh-ee bẹe zẹe/yẹe úhng. Toh-ee kùn moo-a thoo-óhk zèe/yèe?)

▶ **Can I talk to a pharmacist?**
Cho tôi nói chuyện với dược sĩ?
(Chaw toh-ee nóy chwẹe-an vúh-ee zụh-ak/yụh-ak sẽe?)

▶ **What kinds of antiseptics do you have?**
Có những loại thuốc khử trùng nào?
(Káw nyũhng lwại thoo-óhk khủh jòong nòw?)

▶ **How much is this medicine?**
Thuốc này bao nhiêu tiền?
(Thoo-óhk nàh-ee bow nyew tyèn?)

BASIC NECESSITIES (RESTROOMS, LAUNDRY, ETC.)

bathroom	*phòng tắm* (fàwng tám)
dry-clean	*hấp tẩy* (húp tảy)
dry cleaner's	*tiệm giặt ủi* (tyẹm zạt/yạt ỏo-ee)
laundry room	*phòng giặt đồ* (fàwng zạt/yạt dòh)
look for	*tìm, kiếm* (tèem) (kyém)
men's room	*nhà vệ sinh nam*
	(nyàh vẹh seeng nahm)

pick up (item)	***đến lấy*** *(dáyn láy)*
restroom	***nhà vệ sinh*** *(nyàh vẹh seeng)*
sink (noun)	***bồn rửa tay*** *(bòhn rủh-a tah-ee)*
women's room	***nhà vệ sinh nữ***
	(nyàh vẹh seeng nũh)

▶ **Is there a restroom here?**
Có nhà vệ sinh ở đây không?
(Káw nyàh vẹh seeng ủh day khohng?)

▶ **Where's the women's room?**
Nhà vệ sinh nữ ở đâu?
(Nyàh vẹh seeng nũh ủh doh-oo?)

▶ **Is there a laundry room in this hotel?**
Khách sạn này có phòng giặt không?
(Kháik sạhn nàh-ee káw fàwng zạt/yạt khohng?)

▶ **What floor is it on?**
Phòng giặt ở trên lầu mấy?
(Fàwng zạt/yạt ủh jayn lòh-oo máy?)

▶ **Where's the bathroom?**
Phòng tắm ở đâu? *(Fàwng tám ủh doh-oo?)*

▶ **Is there hot water?**
Có nước nóng không?
(Káw núh-ak náwng khohng?)

▶ **I need to find a dry cleaner's.**
   Tôi cần tìm một tiệm giặt ủi và hấp tẩy.
   (Toh-ee kùn tèem mọht tyẹm zạt/yạt ỏo-ee vàh
   húp tảy.)

▶ **How much is it to get this jacket dry-cleaned?**
   Hấp tẩy cái áo khoác này giá bao nhiêu?
   (Húp tảy kái ów khwáhhk nài-ee záh/yáh bow
   nyew?)

▶ **When can I pick it up?**
   Khi nào tôi đến lấy được?
   (Khee nòw toh-ee dáyn láy dụh-ak?)

BANKING AND MONEY

ATM	***máy rút tiền tự động***
	(máh-ee róot tyèn tụh dọhng)
bank	***ngân hàng*** *(ngun hàhng)*
cash	***tiền mặt*** *(tyèn mạt)*
check	***chi phiếu*** *(chee fyéw)*
checking account	***tài khoản chi phiếu***
	(tài khwảhn chee fyéw)
exchange money	***đổi tiền*** *(dỏh-ee tyèn)*
exchange rate	***hối suất*** *(hóh-ee swút)*
savings account	***tài khoản tiết kiệm***
	(tài khwảhn tyét kyẹm)

transfer money	*chuyển tiền (chwẻe-an tyèn)*
US dollars	*đô (doh)*
Vietnamese currency	*đồng (dòhng)*
withdraw money	*rút tiền (róot tyèn)*

▶ **Is there an ATM near here?**
Có máy rút tiền tự động nào gần đây không?
(Káw máh-ee róot tyèn tụh dọhng nòw gùn day khohng?)

▶ **I'd like to withdraw 600 dollars from my checking account.**
Tôi muốn rút sáu trăm đô từ tài khoản chi phiếu của tôi.
(Toh-ee moo-óhn róot sáh-oo jam doh tùh tài khwảhn chee fyéw kỏa-a toh-ee.)

▶ **I'd like to exchange 200 dollars for Vietnamese dong.**
Tôi muốn đổi hai trăm đô sang đồng.
(Toh-ee moo-óhn dỏh-ee hai jam doh sahng dòhng.)

▶ **How many dong to the dollar?**
Bao nhiêu đồng cho một đô?
(Bow nyew dòhng chaw mọht doh?)

► **Is there an Australian bank in this city?**
Có một ngân hàng Úc trong thành phố này không?
(*Káw mọht ngun hàhng Óok jawng thàing fóh nàh-ee khohng?*)

MAKING PHONE CALLS AND USING THE INTERNET

call back	*gọi lại* (*gọy lại*)
cell phone	*điện thoại di động*
	(*dyẹn thwại zee/yee dọhng*)
cell phone number	*số điện thoại di động*
	(*sóh dyẹn thwại zee/yee dọhng*)
computer	*máy vi tính* (*máh-ee vee téeng*)
email	*email* (*ee meh-oo*)
email address	*địa chỉ email*
	(*dẹe-a chẻe ee meh-oo*)
hello (answering the phone)	*a lô* (*ah loh*)
international call	*gọi điện thoại quốc tế*
	(*gọy dyẹn thwại kóo-ak téh*)
Internet	*In-tờ-nét* (*In tùh nét*)
Internet café	*quán In-tờ-nét café*
	(*kwáhn In tùh nét kàh feh*)
leave a message	*nhắn lại* (*nyán lại*)

local call	***gọi điện thoại nội hạt***
	(gọy dyẹn thwại nọh-ee hạht)
long-distance call	***gọi điện thoại viễn liên***
	(gọy dyẹn thwại vyễn lyen)
make a phone call	***gọi điện thoại***
	(gọy dyẹn thwại)
message	***lời nhắn*** *(lùh-ee nyán)*
now	***bây giờ*** *(bay zùh/yùh)*
phone number	***số điện thoại*** *(sóh dyẹn thwại)*
public phone	***điện thoại công cộng***
	(dyẹn thwại kohng kọhng)
telephone	***điện thoại*** *(dyẹn thwại)*
use	***dùng*** *(zòong/yòong)*
work phone	***số điện thoại văn phòng***
number	*(sóh dyẹn thwại van fàwng)*

▶ **What's your cell phone number?**
Số điện thoại di động của anh/chị là số mấy?
(Sóh dyẹn thwại zee/yee dọhng kỏo-a aing/chẹe
lành sóh máy?)

▶ **Can you call back after 8?**
Gọi lại cho tôi sau tám giờ được không?
(Gọy lại chaw toh-ee sah-oo táhm zùh/yùh dụh-ak
khohng?)

▶ **Can I leave a message?**
Tôi nhắn lại được không?
(Toh-ee nyán lại dụh-ak khohng?)

▶ **I can't talk on the phone now.**
Tôi không nói chuyện trên điện thoại bây giờ được.
(Toh-ee khohng nóy chwẹe-an jayn dyẹn thwại bay zùh/yùh dụh-ak.)

▶ **Can I use this computer?**
Tôi dùng máy vi tính này được không?
(Toh-ee zòong/yòong máh-ee vi téeng nàh-ee dụh-ak khohng?)

▶ **How much do I have to pay?**
Tôi phải trả bao nhiêu?
(Toh-ee fải jảh bow nyew?)

▶ **Could I have your email address?**
Cho tôi xin địa chỉ email?
(Chaw toh-ee seen dẹa chẻe ee meh-oo?)

PART FIVE

Out and About

AT THE RESTAURANT

another	*một ... khác (mọht ... kháhk)*
appetizer	*món khai vị (máwn khai vẹe)*
bring	*mang (mahng)*
can of beer	*lon bia (lawn bee-a)*
check (in a restaurant)	*giấy tính tiền (záy/yáy téeng tyèn)*
crabmeat soup	*xúp cua (sóop koo-a)*
delicious	*ngon (ngawn)*
drink	*uống (oo-óhng)*
eat	*ăn (an)*
egg roll	*chả giò (chảh zàw/yàw)*
fried rice	*cơm chiên (kuhm chyen)*
ice cream	*kem (kem)*
menu	*tờ thực đơn (tùh thụhk duhn)*
more	*nữa, thêm (nũh-a) (thaym)*
napkin	*khăn ăn (khan an)*
orange juice	*nước cam (núh-ak kahm)*
order (verb)	*gọi (gọy)*
pair of chopsticks	*đôi đũa (doh-ee dõo-a)*
paper napkin	*khăn giấy (khan záy/yáy)*

red wine	*rượu vang đỏ*
	(rụh-a-oo vahng dảw)
restaurant (cheap)	*tiệm ăn (tyẹm an)*
restaurant (fancy)	*nhà hàng (nyàh hàhng)*
salty	*mặn (mạn)*
spicy	*cay (kah-ee)*
vegetarian dish	*món chay (máwn chah-ee)*
water	*nước (núh-ak)*
white wine	*rượu vang trắng*
	(rụh-a-oo vahng jáng)
wine	*rượu vang (rụh-a-oo vahng)*

▶ **Which restaurant is the best here?**
Ở đây nhà hàng nào ngon nhất?
(Ủh day nyàh hàhng nòw ngawn nyút?)

▶ **We'd like a table by the window.**
Chúng tôi muốn một cái bàn cạnh cửa sổ.
(Chóong toh-ee moo-óhn mọht kái bàhn kạing kủh-a sỏh.)

▶ **Could we have the menu, please?**
Cho chúng tôi xin tờ thực đơn?
(Chaw chóong toh-ee seen tùh thụhk duhn?)

▶ **Could we have a few more minutes?**
Cho chúng tôi vài phút nữa?
(Chaw chóong toh-ee vài fóot nũh-a?)

► **We're ready to order now.**
Chúng tôi đã sẵn sàng gọi.
(Chóong toh-ee dãh sãn sàhng gọy.)

► **I'll have egg rolls for an appetizer.**
Tôi muốn gọi chả giò làm món khai vị.
(Toh-ee moo-óhn gọy chảh zàw/yàw làhm máwn khai vẹe.)

► **I'll have this vegetarian dish.**
Tôi muốn gọi món chay này.
(Toh-ee moo-óhn gọy máwn chah-ee nàh-ee.)

► **Could I have another pair of chopsticks?**
Cho tôi xin một đôi đũa khác?
(Chaw toh-ee seen mọht doh-ee dõo-a kháhk?)

► **I'd like a crabmeat soup and a fried rice.**
Cho tôi xúp cua và cơm chiên.
(Chaw toh-ee sóop koo-a vàh kuhm chyen.)

► **This soup is too salty.**
Xúp này mặn quá. (Sóop nàh-ee mạn kwáh.)

► **This dish is too spicy.**
Món này cay quá.
(Máwn nàh-ee kah-ee kwáh.)

▶ **I can't eat spicy food.**
Tôi không ăn cay được.
(Toh-ee khohng an kah-ee dụh-ak.)

▶ **I'd like a glass of white wine.**
Tôi muốn một ly rượu vang trắng.
(Toh-ee moo-óhn mọht lee rụh-a-oo vahng jáng.)

▶ **Bring me two cans of beer, please.**
Mang cho tôi hai lon bia.
(Mahng chaw toh-ee hai lawn bee-a.)

▶ **Bring us some more paper napkins, please.**
Mang cho chúng tôi thêm khăn giấy.
(Mahng chaw chóong toh-ee thaym khan záy/yáy.)

▶ **Bring me an ice cream, please.**
Mang cho tôi một ly kem.
(Mang chaw toh-ee mọht lee kem.)

▶ **It's so delicious!**
Ngon quá! *(Ngawn kwáh!)*

▶ **And an orange juice for me, please.**
Và một ly nước cam cho tôi.
(Vàh mọht lee núh-ak kahm chaw toh-ee.)

▶ **I'm full.**
  Tôi no rồi. *(Toh-ee naw ròh-ee.)*

▶ **Bring us the check, please.**
  Mang cho chúng tôi giấy tính tiền.
  (Mahng chaw chóong toh-ee záy/yáy téeng tyèn.)

NOTE: If you cannot finish your food and leave it almost untouched, be honest and explain the reason to the waiter or the restaurant owner. Saying it with a smile will ensure that it doesn't come across as a complaint.

AT THE COFFEE SHOP

black coffee	***cà phê đen*** *(kàh fay den)*
coffee	***cà phê*** *(kàh fay)*
coffee shop	***quán cà phê*** *(kwáhn kàh fay)*
coffee with milk	***cà phê sữa*** *(kàh fay sũh-a)*
condensed milk	***sữa đặc*** *(sũh-a dặk)*
cup	***tách*** *(táik)*
heat up	***hâm nóng*** *(hum náwng)*
ice	***đá*** *(dáh)*
lukewarm	***nguội*** *(ngoo-ọh-ee)*
milk	***sữa*** *(sũh-a)*
sugar	***đường*** *(dùh-ang)*
with	***với*** *(vúh-ee)*
without	***không*** *(khohng)*

NOTE: In Vietnam, coffee is usually drip brewed.
White coffee is made using condensed milk.

▶ **I'll have a cup of black coffee with sugar.**
Cho tôi một tách cà phê đen với đường.
(Chaw toh-ee mọht táik kàh fay den vúh-ee dùh-ang.)

▶ **Could I have a cup of black coffee without sugar,
please?**
Cho tôi một tách cà phê đen không đường?
(Chaw toh-ee mọht táik kàh fay den khohng dùh-ang?)

▶ **I'd like a glass of iced coffee with milk.**
Cho tôi một ly cà phê sữa đá.
(Chaw toh-ee mọht lee kàh fay sũh-a dáh.)

▶ **I'd like a hot coffee with milk.**
Cho tôi cà phê sữa nóng.
(Chaw toh-ee kàh fay sũh-a náwng.)

▶ **I'd like more milk.**
Cho tôi thêm sữa. (Chaw toh-ee thaym sũh-a.)

▶ **My coffee is lukewarm.**
Cà phê của tôi hơi nguội.
(Kàh fay kỏo-a toh-ee huh-ee ngoo-ọh-ee.)

▶ **Could you heat it up for me?**
Hâm nóng cho tôi được không?
(Hum náwng chaw toh-ee dụh-ak khohng?)

▶ **Could I have some more sugar, please?**
Cho tôi xin thêm chút đường?
(Chaw toh-ee seen thaym chóot dùh-ang?)

▶ **Could I have another spoon?**
Cho tôi xin một cái muỗng khác?
(Chaw toh-ee seen mọht kái moo-õhng kháhk?)

SHOPPING

NOTE: When shopping in Vietnam, except in large shopping malls owned by foreigners, customers are generally expected to bargain. Vietnamese shop owners often mark up prices but are typically willing to offer significant discounts. Pretending to walk away and waiting for the shop owner to call you back is an effective strategy, especially for expensive items.

LOCAL GOODS AND PRODUCE

banana	*trái chuối (jái choo-óh-ee)*
ceramics	*đồ gốm (dòh góhm)*

conical hat	**nón lá** *(náwn láh)*
embroidered painting	**bức tranh thêu** *(búhk jaing thay-oo)*
gift	**quà tặng** *(kwàh tạng)*
lacquered box	**hộp sơn mài** *(họhp suhn mài)*
lacquered painting	**bức tranh sơn mài** *(búhk jaing suhn mài)*
lacquered vase	**bình sơn mài** *(bèeng suhn mài)*
mango	**trái xoài** *(jái swài)*
oil painting	**bức tranh sơn dầu** *(búhk jaing suhn zòh-oo/yòh-oo)*
painting	**bức tranh** *(búhk jaing)*
pineapple	**trái thơm** *(jái thuhm)*
rambutan	**trái chôm chôm** *(jái chohm chohm)*
scarf	**khăn quàng cổ** *(khăn kwàhng kỏh)*
sculptured products	**hàng điêu khắc** *(hàhng dyew khák)*
silk fabric	**vải lụa** *(vải lọo-a)*
souvenir	**quà lưu niệm** *(kwàh luh-oo nyẹm)*

PURCHASING

buy	**mua** *(moo-a)*
cheap	**rẻ** *(rẻh)*
discount	**giảm giá** *(zảhm záh / yảhm yáh)*

dozen	***chục*** *(chọok)*
expensive	***mắc*** *(mák)*
fresh	***tươi*** *(tuh-a-ee)*
good	***tốt*** *(tóht)*
green, unripe	***còn xanh*** *(kàwn saing)*
hand-embroidered	***thêu tay*** *(thay-oo tah-ee)*
kilo	***ký*** *(kée)*
look at	***xem*** *(sem)*
market	***chợ*** *(chụh)*
quality	***chất lượng*** *(chút lụh-ang)*
refund	***hoàn tiền*** *(hwàhn tyèn)*
return	***trả*** *(jảh)*
ripe	***chín*** *(chéen)*
sell	***bán*** *(báhn)*
that, there	***kia*** *(kee-a)*

► **I'd like to buy some souvenirs.**
Tôi muốn mua vài món quà lưu niệm.
(Toh-ee moo-óhn moo-a vài máwn kwàh luh-oo nyẹm.)

► **How much is this painting?**
Bức tranh này giá bao nhiêu?
(Búhk jaing nàh-ee záh/yáh bow nyew?)

► **This is a gift for my mother.**
Đây là quà tặng cho mẹ tôi.
(Day làh kwàh tạng chaw mẹh toh-ee.)

▶ **I don't want this lacquered box.**
Tôi không muốn cái hộp sơn mài này.
(Toh-ee khohng moo-óhn kái họhp suhn mài nàh-ee.)

▶ **I want that one.**
Tôi muốn cái kia.
(Toh-ee moo-óhn kái kee-a.)

▶ **This lacquered vase is beautiful. How much is it?**
Cái bình sơn mài này rất đẹp. Giá bao nhiêu?
(Kái bèeng suhn mài nàh-ee rút dẹp. Záh/yáh bow nyew?)

▶ **I want to return this scarf. Here's my receipt.**
Tôi muốn trả cái khăn quàng cổ này. Biên lai của tôi đây.
(Toh-ee moo-óhn jảh kái khan kwàhng kỏh nàh-ee. Byen lai kỏo-a toh-ee day.)

▶ **Could I look at that conical hat?**
Cho tôi xem cái nón lá kia?
(Chaw toh-ee sem kái náwn láh kee-a?)

▶ **I'd like to buy 2 kilos of rambutans.**
Tôi muốn mua hai ký chôm chôm.
(Toh-ee moo-óhn moo-a hai kée chohm chohm.)

▶ **I'd like to buy a dozen mangoes.**
Tôi muốn mua một chục xoài.
(Toh-ee moo-óhn moo-a mọht chọok swài.)

▶ **How much is a pineapple?**
Một trái thơm giá bao nhiêu?
(Mọht jái thuhm záh/yáh bow nyew?)

▶ **This one is still green.**
Trái này còn xanh. (Jái nàh-ee kàwn saing.)

▶ **I'd like to buy some ripe bananas.**
Tôi muốn mua trái chuối chín.
(Toh-ee moo-óhn moo-a jái choo-óh-ee chéen.)

BARGAINING

come down	***bớt*** *(búht)*
more, -er	***hơn*** *(huhn)*
OK (reluctantly)	***thôi cũng được***
	(thoh-ee kõong dụh-ak)

▶ **That's much too expensive!**
Mắc quá! (Mák kwáh!)

▶ **Won't you come down a little?**
Bớt một chút được không?
(Búht mọht chóot dụh-ak khohng?)

► **Come down a little more.**
   Bớt một chút nữa. *(Búht mọht chóot nũh-a.)*

► **Find me a cheaper one.**
   Tìm cho tôi một cái rẻ hơn.
   (Tèem chaw toh-ee mọht kái rẻh huhn.)

► **OK. Please wrap it up for me.**
   Thôi cũng được. Gói cho tôi.
   (Thoh-ee kõong dụh-ak. Góy chaw toh-ee.)

► **How much is that altogether?**
   Tổng cộng là bao nhiêu?
   (Tỏhng kọhng lài bow nyew?)

AT THE CLOTHING STORE

fit (verb)	***vừa vặn*** *(vùh-a vạn)*
fitting room	***phòng thử đồ*** *(fàwng thủh dòh)*
pair of high heels	***đôi giày cao gót*** *(doh-ee zàh-ee/yàh-ee kow gáwt)*
pair of shoes	***đôi giày*** *(doh-ee zàh-ee/yàh-ee)*
pants	***quần*** *(kwùn)*
shirt	***áo sơ-mi*** *(ów suh mee)*
skirt	***váy đầm*** *(váh-ee dùm)*
suit (noun)	***bộ com-lê*** *(bọh kawm lay)*

suit (verb)	***hợp*** *(hụhp)*
try on (clothes)	***mặc thử*** *(mạk thủh)*
try on (hats)	***đội thử*** *(dọh-ee thủh)*
try on (shoes)	***mang thử*** *(mahng thủh)*

COLORS

beige	***màu be*** *(màh-oo beh)*
black	***màu đen*** *(màh-oo den)*
blue	***màu xanh dương***
	(màh-oo saing zuh-ang/yuh-ang)
brown	***màu nâu*** *(màh-oo noh-oo)*
color	***màu*** *(màh-oo)*
gray	***màu xám*** *(màh-oo sáhm)*
green	***màu xanh lá cây***
	(màh-oo saing láh kay)
orange	***màu cam*** *(màh-oo kahm)*
pink	***màu hồng*** *(màh-oo hòhng)*
purple	***màu tím*** *(màh-oo téem)*
red	***màu đỏ*** *(màh-oo dảw)*
white	***màu trắng*** *(màh-oo jáng)*
yellow	***màu vàng*** *(màh-oo vàhng)*

MEASUREMENTS AND SIZES

big	**rộng** *(rọhng)*
extra-large	**lớn nhất** *(lúhn nyút)*
height	**chiều cao** *(chyèw kow)*
large	**lớn** *(lúhn)*
length	**chiều dài** *(chyèw zài/yài)*
measurement	**đo lường** *(daw lùh-ang)*
medium	**trung bình** *(joong bèeng)*
meter	**mét** *(mét)*
short	**ngắn** *(ngán)*
size	**cỡ** *(kũh)*
small	**nhỏ** *(nyảw)*
weight	**trọng lượng** *(jạwng lụh-ang)*
width	**chiều rộng** *(chyèw rọhng)*

▶ These jackets come in three sizes: small, medium, and large.
   Những chiếc áo khoác này có ba cỡ: nhỏ, trung bình, và lớn.
   (Nyũhng chyék ów khwáhhk nàh-ee káw bah kũh: nyảw, joong bèeng, vàh lúhn.)

NOTE: ***Những*** is a plural marker. ***Chiếc*** is a classifier, used when counting clothing articles (and is used interchangeably with the word ***cái***).

▶ **I want to buy the small one.**
Tôi muốn mua chiếc áo nhỏ.
(Toh-ee moo-óhn moo-a chyék ów nyảw.)

▶ **I'd like to try on these pants.**
Tôi muốn mặc thử chiếc quần này.
(Toh-ee moo-óhn mạk thủh chiếc kwùn nàh-ee.)

▶ **Where's the fitting room?**
Phòng thử đồ ở đâu?
(Fàwng thủh dòh ủh doh-oo?)

▶ **Does this color suit me?**
Màu này có hợp tôi không?
(Màh-oo nàh-ee káw hụhp toh-ee khohng?)

▶ **How much are these high heels?**
Đôi giày cao gót này giá bao nhiêu?
*(Doh-ee zàh-ee/yàh-ee kow gáwt nàh-ee záh/
yáh bow nyew?)*

▶ **These shoes are one size too big. Do you have
them in a size 8?**
Đôi giày này hơi rộng. Anh có số 8 không?
*(Doh-ee zàh-ee/yàh-ee nàh-ee huh-ee rọhng.
Aing káw sóh táhm khohng?)*

▶ **These high heels fit perfectly.**
   Đôi giày cao gót này rất vừa vặn.
   (Doh-ee zàh-ee/yàh-ee kow gáwt nàh-ee rút vùh-a
   vạn.)

▶ **I always wear brown shoes.**
   Tôi luôn luôn mang giày màu nâu.
   (Toh-ee loo-ohn loo-ohn mahng zàh-ee/yàh-ee
   màh-oo noh-oo.)

▶ **I like the gray suit.**
   Tôi thích bộ com-lê màu xám.
   (Toh-ee théek bọh kawm lay màh-oo sáhm.)

▶ **I don't like the green shirt.**
   Tôi không thích chiếc áo sơ-mi màu xanh lá
   cây.
   (Toh-ee khohng théek chyék ów suh mee màh-oo
   saing láh kay.)

▶ **Give me a discount on this sweater, will you?**
   Giảm giá chiếc áo len này cho tôi, được không?
   (Zảhm/yảhm záh/yáh chyék ów len nàh-ee chaw
   toh-ee dụh-ak khohng?)

AT THE BOOKSTORE

author	**tác giả** (táhk zảh/yảh)
book	**cuốn sách** (koo-óhn sáik)
culture	**văn hóa** (van hwáhh)
dictionary	**tự điển** (tụh dyẻn)

English-
  Vietnamese
  dictionary
	tự điển Anh-Việt
	(tụh dyẻn Aing Vyẹt)

help	**giúp** (zóop/yóop)
history	**lịch sử** (lẹek sủh)
in (a certain language)	**bằng** (bàng)
magazine	**tạp chí** (tạhp chée)
map	**bản đồ** (bảhn dòh)
newspaper	**báo** (bów)
novel	**tiểu thuyết** (tyẻw thwée-at)
novelist	**văn sĩ** (van sẽe)
painting	**hội họa** (họh-ee hwạh)
picture book	**truyện tranh** (jwẹe-an jaing)
pack of playing cards	**bộ bài** (bọh bài)
postcard	**bưu thiếp** (buh-oo thyép)
title	**tựa đề** (tụh-a dèh)
Vietnamese- English dictionary	**tự điển Việt-Anh** (tụh dyẻn Vyẹt Aing)

NOTE: *Cuốn* and *quyển* are classifiers to be used with books and magazines.

▶ **I want to buy an English-Vietnamese dictionary.**
Tôi muốn mua một cuốn tự điển Anh-Việt.
(Toh-ee moo-óhn moo-a mọht koo-óhn tụh dyển Aing Vyẹt.)

▶ **I will teach myself Vietnamese.**
Tôi sẽ tự học tiếng Việt.
(Toh-ee sẽ tụh hạwk tyéng Vyẹt.)

▶ **I'm looking for a book by this author.**
Tôi đang đi tìm một cuốn sách của tác giả này.
(Toh-ee dahng dee tèem mọht koo-óhn sáik kỏo-a táhk zảh/yảh nàh-ee.)

NOTE: The word *sẽ* is a future tense marker, *đã* a past tense marker, and *đang* a progressive tense marker. They can be omitted once the context is established, using time expressions such as *hôm qua* (yesterday), *tuần sau* (next week), or *ngay bây giờ* (right now).

▶ **I'm interested in Vietnamese history.**
Tôi quan tâm đến lịch sử Việt Nam.
(Toh-ee kwahn tum dáyn lẹek sủh Vyẹt Nahm.)

▶ **Where are the postcards?**
Những tấm bưu thiếp ở đâu?
(Nyũhng túm buh-oo thyép ủh doh-oo?)

▶ **Please show me some magazines.**
Cho tôi xem vài cuốn tạp chí.
(Chaw toh-ee sem vài koo-óhn tạhp chée.)

▶ **I want to read about Vietnamese painting in English.**
Tôi muốn đọc về hội họa Việt Nam bằng tiếng Anh.
(Toh-ee moo-óhn dạwk vèh họh-ee hwạh Vyẹt Nahm bàng tyéng Aing.)

▶ **I want to buy a pack of cards.**
Tôi muốn mua một bộ bài.
(Toh-ee moo-óhn moo-a mọht bọh bài.)

▶ **Are there any Vietnamese picture books here?**
Có truyện tranh tiếng Việt ở đây không?
(Káw jwẹe-an jaing tyéng vyẹt ủh day khohng?)

▶ **I need a map of this city.**
Tôi cần bản đồ thành phố này.
(Toh-ee kùn bảhn dòh thàing fóh nàh-ee.)

▶ **Please help me find a book on Vietnamese culture.**
Xin giúp tôi tìm một cuốn sách về văn hóa Việt Nam.
(Seen zóop/yóop toh-ee tèem mọht koo-óhn sáik vèh van hwáh Vyẹt Nahm.)

▶ **I want an English-language newspaper.**
   Tôi muốn một tờ báo tiếng Anh.
   (Toh-ee moo-óhn mọht tùh bów tyéng Aing.)

NOTE: The word *tờ* is a classifier to be used with newspapers.

AT THE POST OFFICE

address	*địa chỉ (dẹe-a chẻe)*
airmail	*thư hàng không (thuh hàhng khohng)*
document	*tài liệu (tài lyẹu)*
domestic mail	*thư từ trong nước (thuh tùh jawng núh-ak)*
envelope	*phong bì (fawng bèe)*
express mail	*thư chuyển phát nhanh (thuh chwẻe-an fáht nyaing)*
fax	*phách (fáik)*
letter	*lá thư (láh thuh)*
mail	*thư từ (thuh tùh)*
package, parcel	*bưu phẩm (buh-oo fủm)*
post office	*bưu điện (buh-oo dyẹn)*
postage	*bưu cước (buh-oo kúh-ak)*
registered mail	*thư bảo đảm (thuh bỏw dảhm)*

send	***gửi*** *(gủh-ee)*
sign (verb)	***ký*** *(kée)*
signature	***chữ ký*** *(chũh kée)*
stamp	***tem*** *(tem)*
USA	***Hoa Kỳ*** *(Hwah Kèe)*

▶ **Is there a post office near here?**
Có bưu điện nào gần đây không?
(Káw buh-oo dyẹn nòw gùn day khohng?)

▶ **I need (to buy) some stamps for this letter.**
Tôi cần mua tem cho lá thư này.
(Toh-ee kùn moo-a tem chaw láh thuh nàh-ee.)

▶ **I would like to send this package to France.**
Tôi muốn gửi bưu phẩm này sang Pháp.
(Toh-ee moo-óhn gủh-ee buh-oo fũm nàh-ee sahng Fáhp.)

▶ **How much is the postage?**
Bưu cước là bao nhiêu?
(Buh-oo kúh-ak làh bow nyew?)

▶ **How many days will it take?**
Mất bao nhiêu ngày? *(Mút bow nyew ngàh-ee?)*

▶ **I'd like to send this letter by registered mail.**
Tôi muốn gửi lá thư này bảo đảm.
(Toh-ee moo-óhn gủh-ee láh tuh nàh-ee bỏw dảhm.)

▶ **What's the postage for domestic mail?**
Bưu cước cho thư từ trong nước là bao nhiêu?
(Buh-oo kúh-ak chaw thuh tùh jawng núh-ak làh bow nyew?)

▶ **I'd like to send a fax to my hotel.**
Tôi muốn gửi phách đến khách sạn của tôi.
(Toh-ee moo-óhn gủ-ee fáik dáyn kháik sạhn kỏo-a toh-ee.)

▶ **Do I need to sign?**
Tôi có cần ký không?
(Toh-ee káw kùn kée khohng?)

▶ **Where do I sign?**
Tôi ký ở đâu? *(Toh-ee kée ủh doh-oo?)*

▶ **Can I have an envelope for these documents?**
Cho tôi một cái phong bì cho những tài liệu này?
(Chaw toh-ee mọht kái fawng bèe chaw nyũhng tài lyẹw nàh-ee?)

AT THE BEAUTY SALON

beautician	***chuyên viên thẩm mỹ***
	(chwee-ayn vyen thủhm mẽe)
beauty salon	***thẩm mỹ viện*** *(thủhm mẽe vyẹn)*
blow-dry	***sấy tóc*** *(sáy táwk)*
cut (hair)	***cắt*** *(kát)*
dye	***nhuộm*** *(nyoo-ọhm)*
eyebrow	***lông mày*** *(lohng mà-ee)*
facial	***làm mặt*** *(làhm mạt)*
fingernail	***móng tay*** *(máwng tah-ee)*
hair	***tóc*** *(táwk)*
hairdresser	***thợ uốn tóc*** *(thụh oo-óhn táwk)*
hairstyle	***kiểu tóc*** *(kyẻw táwk)*
makeup	***trang điểm*** *(jahng dyểm)*
manicure	***làm móng tay*** *(làhm máwng tah-ee)*
nail	***móng*** *(máwng)*
only, just	***chỉ ... thôi*** *(chẻe ... thoh-ee)*
pedicure	***làm móng chân*** *(làhm máwng chun)*
perm	***uốn tóc*** *(oo-óhn táwk)*
pluck	***nhổ*** *(nyỏh)*
toenail	***móng chân*** *(máwng chun)*
wash (hair)	***gội*** *(gọh-ee)*
wax	***nhổ lông*** *(nyỏh lohng)*

▶ **Is there a beauty salon near here?**
Có một thẩm mỹ viện gần đây không?
(Káw mọht thủm mẽe vyẹn gùn day khohng?)

▶ **I'd like my hair washed and permed.**
Xin gội đầu và uốn tóc cho tôi.
(Seen gọh-ee dòh-oo vàh oo-óhn táwk chaw toh-ee.)

▶ **I'd like a haircut and a manicure.**
Xin cắt tóc và làm móng tay cho tôi.
(Seen kát táwk vàh làhm máwng tah-ee chaw toh-ee.)

▶ **I'd like my fingernails painted red.**
Xin sơn móng tay tôi màu đỏ.
(Seen suhn máwng tah-ee toh-ee màh-oo dảw.)

▶ **I like this hairstyle.**
Tôi thích kiểu tóc này.
(Toh-ee théek kyẻw táwk nàh-ee.)

▶ **I want my eyebrows plucked.**
Tôi muốn nhổ lông mày.
(Toh-ee moo-óhn nyỏh lohng mày-ee.)

▶ **I want both a manicure and a pedicure.**
Tôi muốn làm móng tay và móng chân.
(Toh-ee moo-óhn làhm máwng tah-ee vàh máwng chun.)

▶ **Today I only need a manicure.**
Hôm nay tôi chỉ muốn làm móng tay thôi.
(Hohm nah-ee toh-ee chẻe moo-óhn làhm máwng tah-ee thoh-ee.)

► **How much do I have to pay?**
  Tôi phải trả bao nhiêu?
  (Toh-ee fải jảh bow nyew?)

AT THE BARBERSHOP

barber	***thợ cắt tóc*** *(thụh kát táwk)*
barbershop	***hiệu cắt tóc*** *(hyẹw kát táwk)*
beard	***râu quai nón*** *(roh-oo kwai náwn)*
crew cut	***cắt ngắn*** *(kát ngán)*
head massage	***mát xa đầu*** *(máht sah dòh-oo)*
massage	***mát xa*** *(máht sah)*
mustache	***râu mép*** *(roh-oo mép)*
razor	***lưỡi dao cạo***
	(lũh-a-ee zow/yow kọw)
shave	***cạo râu*** *(kọw roh-oo)*
trim (verb)	***tỉa*** *(tẻe-a)*

► **I only need a haircut.**
  Tôi chỉ cần cắt tóc thôi.
  (Toh-ee chẻe kùn kát táwk thoh-ee.)

► **I'd like a haircut and a shave.**
  Xin cắt tóc và cạo râu cho tôi.
  (Seen kát táwk vàh kọw roh-oo chaw toh-ee.)

▶ **I'd like a crew cut.**
Xin cắt tóc ngắn cho tôi.
(Seen kát táwk ngán chaw toh-ee.)

▶ **I need a head massage.**
Tôi cần mát xa đầu. (Toh-ee kùn máht sah dòh-oo.)

▶ **Just trim my hair.**
Tôi chỉ cần tỉa. (Toh-ee chẻe kùn tẻe-a.)

▶ **How much is a haircut?**
Cắt tóc giá bao nhiêu?
(Kát táwk záh/yáh bow nyew?)

▶ **You can keep the change.**
Không cần thối lại. (Khohng kùn thóh-ee lại.)

VISITING A VIETNAMESE HOME

antique chair	*ghế cổ*	*(géh kỏh)*
antique table	*bàn cổ*	*(bàhn kỏh)*
dining room	*phòng ăn*	*(fàwng an)*
fragrant	*thơm*	*(thuhm)*
living room	*phòng khách*	*(fàwng kháik)*
must be	*chắc là*	*(chák làh)*
priceless	*vô giá*	*(voh záh/yáh)*
spacious	*rộng*	*(rọhng)*

take off	*cởi (kủh-ee)*
toilet	*nhà vệ sinh (nyàh vẹh seeng)*

NOTE: When you enter a Vietnamese home, ask the host whether you should take off your shoes. You may not have to, but your asking will be appreciated, as will compliments on the tea, the food, and the furniture.

▶ **Do we need to take off our shoes?**
   Chúng tôi có cần cởi giày ra không?
   (Chóong toh-ee káw kùn kủh-ee zàh-ee/yàh-ee rah khohng?)

▶ **Your house is so beautiful!**
   Nhà của anh chị đẹp quá!
   (Nyàh kỏo-a aing chẹe dẹp kwáh!)

▶ **Your living room is so spacious!**
   Phòng khách của anh chị rộng quá!
   (Fàwng kháik kỏo-a aing chẹe rọhng kwáh!)

▶ **This antique table must be priceless.**
   Chiếc bàn cổ này chắc là vô giá.
   (Chyék bàhn kỏh nàh-ee chák làh voh záh/yáh.)

▶ **Could I use the toilet?**
   Tôi dùng nhà vệ sinh được không?
   (Toh-ee zòong/yòong nyàh vẹh seeng dụh-ak khohng?)

▶ **This tea is so fragrant!**
Trà này thơm quá! (Jàh nàh-ee thuhm kwáh!)

▶ **Where did you buy it?**
Anh chị mua nó ở đâu?
(Aing chẹe moo-a náw ủh doh-oo?)

▶ **We are so sorry we cannot stay for dinner.**
Chúng tôi xin lỗi không thể ở lại cho bữa tối
được.
(Chóong toh-ee seen lõh-ee khohng tẻh ủh lại chaw
bũh-a tóh-ee dụh-ak.)

▶ **Thank you for inviting us.**
Cám ơn anh chị đã mời chúng tôi.
(Káhm uhn aing chẹe dãh mùh-ee chóong toh-ee.)

SMALL TALK (SEASONS, WEATHER ETC.)

again	*lại (lại)*
always	*luôn luôn (loo-ohn loo-ohn)*
beautiful	*đẹp (dẹp)*
because	*vì (vèe)*
cloud	*mây (may)*
cloudy	*nhiều mây (nyèw may)*

cold	**lạnh** *(lạing)*
cold season	**mùa lạnh** *(mòo-a lạing)*
cool	**mát** *(máht)*
dry	**khô** *(khoh)*
dry season	**mùa khô** *(mòo-a khoh)*
fall (noun)	**mùa thu** *(mòo-a thoo)*
hot	**nóng** *(náwng)*
hot season	**mùa nóng** *(mòo-a náwng)*
humid	**ẩm** *(ửm)*
love (verb)	**yêu** *(yew)*
rain	**mưa** *(muh-a)*
rainy season	**mùa mưa** *(mòo-a muh-a)*
season	**mùa** *(mòo-a)*
ski	**trượt tuyết** *(jụh-at twée-at)*
snow	**tuyết** *(twée-at)*
spring	**mùa xuân** *(mòo-a swun)*
summer	**mùa hè** *(mòo-a hè)*
sunny	**nắng** *(náng)*
throughout, all of	**suốt** *(soo-óht)*
usually	**thường** *(thùh-ang)*
warm	**ấm** *(úm)*
weather	**trời** *(jùh-ee)*
weather forecast	**dự báo thời tiết** *(zụh/yụh bów thùh-ee tyét)*
winter	**mùa đông** *(mòo-a dohng)*

▶ **It's so hot today!**
Hôm nay trời nóng quá!
(Hohm nah-ee jùh-ee náwng kwáh!)

▶ **It's so cool tonight!**
Tối nay trời mát quá!
(Tóh-ee nah-ee jùh-ee máht kwáh!)

▶ **It's raining again!**
Trời lại mưa! (Jùh-ee lại muh-a!)

▶ **We hate rainy weather.**
Chúng tôi ghét trời mưa.
(Chóong toh-ee gét jùh-ee muh-a.)

▶ **I like sunny weather.**
Tôi thích trời nắng. (Toh-ee théek jùh-ee náng.)

▶ **I love the spring because the weather is always beautiful.**
Tôi yêu mùa xuân vì trời luôn luôn đẹp.
(Toh-ee yew mòo-a swun vèe jùh-ee loo-ohn loo-ohn đẹp.)

▶ **What's your favorite season?**
Anh/Chị thích mùa nào nhất?
(Aing/chẹe théek mòo-a nòw nyút?)

▶ **Summer's my favorite season.**
Tôi thích mùa hè nhất.
(Toh-ee théek mòo-a hè nyút.)

▶ **In summer, the days are longer and it's usually sunny.**
Vào mùa hè, ngày dài hơn và trời thường nắng.
(Vòw mòo-a hè, ngàh-ee zài/yài huhn vàh jùh-ee thùh-ang náng.)

▶ **According to the weather forecast, it will rain all week next week.**
Theo dự báo thời tiết, trời sẽ mưa suốt tuần sau.
(The-oo zụh/yụh bów thùh-ee tyét, jùh-ee sẽ muh-a soo-óht twùn sah-oo.)

▶ **What do you enjoy doing in the winter?**
Chị thích làm gì vào mùa đông?
(Chẹe théek làhm zèe/yèe vào mòo-a dohng?)

▶ **I like to go skiing.**
Tôi thích đi trượt tuyết.
(Toh-ee théek dee jụh-at twée-at.)

COMMON LOCATIONS AND BUSINESSES

airport	*phi trường (fee jùh-ang)*
bank	*ngân hàng (ngun hàhng)*
bar	*quán rượu (kwáhn rụh-a-oo)*
barbershop	*tiệm hớt tóc (tyẹm húht táwk)*
beach	*bãi biển (bãi byển)*
beauty salon	*thẩm mỹ viện (thủm mẽe vyẹn)*
bookstore	*nhà sách (nyàh sáik)*
church	*nhà thờ (nyàh thùh)*
dance club	*vũ trường (võo jùh-ang)*
hospital	*bệnh viện (bạyng vyẹn)*
library	*thư viện (thuh vyẹn)*
market, marketplace	*chợ (chụh)*
pagoda, temple	*chùa (chòo-a)*
park	*công viên (kohng vyen)*
post office	*bưu điện (buh-oo dyẹn)*
school	*trường học (jùh-ang hạwk)*
supermarket	*siêu thị (syew thẹe)*
university	*đại học (dại hạwk)*
zoo	*sở thú (sủh thóo)*

FORMS OF ENTERTAINMENT

coffee shop	*quán cà-phê (kwáhhn kàh fay)*
free	*rảnh (rảing)*

fun	***vui*** *(voo-ee)*
ice-cream parlor	***quán kem*** *(kwáhn kem)*
karaoke bar	***quán karaoke***
	(kwáhn kah rah oh kay)
let us	***chúng ta ... đi*** *(chóong tah ... dee)*
movie theater	***rạp xi-nê*** *(rạhp see nay)*
nightclub	***hộp đêm*** *(họhp daym)*
opera house	***nhà hát lớn*** *(nyàh háht lúhn)*
together	***cùng*** *(kòong)*
weekend	***cuối tuần*** *(koo-óh-ee twùn)*

NOTE: In Vietnamese, ***chúng tôi*** is the "exclusive we" (not including the addressee/listener) and ***chúng ta*** is the "inclusive we" (including the addressee/listener).

▶ **I want to go have an ice cream.**
Tôi muốn đi ăn kem.
(Toh-ee moo-óhn dee an kem.)

▶ **I want to go see a movie.**
Tôi muốn đi xem xi-nê.
(Toh-ee moo-óhn dee sem see nay.)

▶ **I want to go have a coffee.**
Tôi muốn đi uống cà-phê.
(Toh-ee moo-óhn dee oo-óhng kàh fay.)

▶ **I have 3 tickets to the opera house this weekend.**
Tôi có ba vé đi nhà hát lớn vào cuối tuần này.
(Toh-ee káw bah vé dee nyàh háht lúhn vòw koo-óh-ee twùn nàh-ee.)

▶ **Let's go find a karaoke bar.**
Chúng ta đi tìm một quán karaôkê đi.
(Chóong tah dee tèem mọht kwáhn kah rah oh kay dee.)

▶ **We're going to a nightclub.**
Chúng tôi đang đi đến một hộp đêm.
(Chóong toh-ee dahng dee dáyn mọht họhp daym.)

▶ **Are you free, Hòa?**
Anh Hòa có rảnh không?
(Aing Hwàh káw rảing khohng?)

▶ **Do you want to come with us, Kim?**
Chị Kim có muốn đi với chúng tôi không?
(Chẹe Kim káw moo-óhn dee vúh-ee chóong toh-ee khohng?)

▶ **Let's go together. It'll be fun.**
Chúng ta cùng đi đi. Vui lắm.
(Chóong tah kòong dee dee. Voo-ee lám.)

PART SIX

Exploring Vietnam

HOLIDAYS AND FESTIVALS

Lunar New Year (January 1, lunar calendar)	***Tết Nguyên Đán*** *(Téht Ngwee-ayn Dáhn)*
Western New Year	***Tết Tây*** *(Téht Tay)*
Valentine's Day (February 14)	***Ngày Lễ Tình Yêu*** *(Ngàh-ee Lẽh Tèeng Yew)*
International Women's Day (March 8)	***Ngày Quốc Tế Phụ Nữ*** *(Ngàh-ee Kóo-ak Téh Fọo Nũh)*
Hùng Kings Festival (March 10, lunar calendar)	***Giỗ Tổ Hùng Vương*** *(Zõh/Yõh Tỏh Hòong Vuh-ang)*
Buddha's Birthday (April 15, lunar calendar)	***Lễ Phật Đản*** *(Lẽh Fụt Dảhn)*
International Workers' Day (May 1)	***Ngày Quốc Tế Lao Động*** *(Ngàh-ee Kóo-ak Téh Low Dọhng)*
Mid-Year Festival (May 5, lunar calendar)	***Tết Đoan Ngọ*** *(Téht Dwahn Ngạw)*

International Children's Day (June 1)	***Ngày Quốc Tế Thiếu Nhi*** *(Ngàh-ee Kóo-ak Téh Thyéw Nyee)*
Vu Lan Festival (July 15, lunar calendar)	***Lễ Vu Lan*** *(Lễh Voo Lahn)*
Mid-Autumn Festival (August 15, lunar calendar)	***Tết Trung Thu*** *(Téht Joong Thoo)*
National Day (September 2)	***Lễ Quốc Khánh*** *(Lễh Kóo-ak Kháing)*
Halloween (October 31)	***Ngày Lễ Ma Quỷ*** *(Ngàh-ee Lễh Mah Kwẻe)*
Teachers' Day (November 20)	***Ngày Nhà Giáo Việt Nam*** *(Ngàh-ee Nyàh Zów/Yów Vyẹt Nahm)*
Christmas (December 25)	***Giáng Sinh*** *(Záhng/Yáhng Seeng)*

NOTE: ***Tết Nguyên Đán*** (Lunar New Year) is the major Vietnamese holiday, even though it might not be as festive as Christmas (not an official holiday) and Western New Year, which draw crowds of people out into the streets to celebrate. The Lunar New Year is considered sacred in Vietnamese culture. During this time, every household pauses their daily activities to offer fruits (especially watermelons) and elaborate, feast-like meals to their ancestors. They also pray to heaven and earth for a prosperous new year, particularly on New Year's Eve.

In the following days, families visit the homes of relatives and friends to extend their best wishes to the heads of the families, while children receive red envelopes containing newly minted money. In contrast, Christmas is primarily observed by Christians attending church services. However, people of other religions often join the celebrations by gathering in the streets near churches after dark, enjoying the festive atmosphere and the sense of togetherness.

The two latest festivals introduced into Vietnamese society are Valentine's Day and Halloween, embraced mostly by young people.

HOLIDAY GREETINGS

abundant	***dồi dào*** *(zòh-ee zòw / yòh-ee yòw)*
everyone	***mọi người*** *(mọy ngùh-a-ee)*
filled with	***tràn đầy*** *(jàhn dày)*
happiness	***hạnh phúc*** *(hạing fóok)*
happy	***vui vẻ*** *(voo-ee vẻ)*
health	***sức khỏe*** *(súhk khwẻ)*
joy	***niềm vui*** *(nyèm voo-ee)*
long life	***sống lâu trăm tuổi*** *(sóhng loh-oo jam too-ỏh-ee)*
peaceful	***an khang*** *(ahn khahng)*
prosperous	***thịnh vượng*** *(thẹeng vụh-ang)*
wish (verb)	***chúc*** *(chóok)*

NEW YEAR WISHES

▶ **Happy New Year!**
Chúc Mừng Năm Mới!
(Chóok Mùhng Nam Múh-ee!)

▶ **We wish you a New Year filled with joy and happiness.**
Chúng tôi xin chúc anh chị một năm mới tràn đầy niềm vui và hạnh phúc.
(Chóong toh-ee seen chóok aing chẹe mọht nam múh-ee jàhn dày nyèm voo-ee vàh hạing fóok.)

▶ **We wish you a peaceful and prosperous New Year.**
Chúng tôi xin chúc anh chị một năm mới an khang thịnh vượng.
(Chóong toh-ee seen chóok aing chẹe mọht nam múh-ee ahn khahng thẹeng vụh-ang.)

▶ **We wish everyone abundant health and a long life.**
Chúng tôi xin chúc mọi người dồi dào sức khỏe và sống lâu trăm tuổi.
(Chóong toh-ee seen chóok mọy ngùh-a-ee zòh-ee zòw/yòh-ee yòw súhk khwẻ vàh sóhng loh-oo jam too-ỏh-ee.)

OTHER GREETINGS

birthday	*sinh nhật* *(seeng nyụt)*
bride	*cô dâu* *(koh zoh-oo/yoh-oo)*
bridegroom	*chú rể* *(chóo rểh)*
wedding	*đám cưới* *(dáhm kúh-a-ee)*
wedding anniversary	*lễ kỷ niệm ngày cưới* *(lễh kẻe nyẹm ngàh-ee kúh-a-ee)*

▶ **Merry Christmas!**
   Chúc một Giáng Sinh vui vẻ!
   (Chóok mọht Záhng/Yáhng Seeng voo-ee vẻ!)

▶ **Happy Birthday!**
   Chúc mừng sinh nhật! *(Chóok mùhng seeng nyụt!)*

▶ **We wish the bride and groom a hundred years of happiness!**
   Chúng tôi chúc cô dâu và chú rể trăm năm hạnh phúc!
   (Chóong toh-ee chóok koh doh-oo/yoh-oo vàh chóo rểh jam nam hạing fóok!)

▶ **Happy Wedding Anniversary!**
   Chúc mừng kỷ niệm ngày cưới!
   (Chóok mùhng kẻe nyẹm ngàh-ee kúh-a-ee!)

SIGHTSEEING

bay	**vịnh** *(vẹeng)*
boat	**thuyền** *(thwèe-an)*
business hours	**giờ mở cửa** *(zùh/yùh mủh kủh-a)*
church	**nhà thờ** *(nyàh thùh)*
citadel	**thành** *(thàing)*
close, closed	**đóng cửa** *(dáwng kủh-a)*
cruise	**du ngoạn bằng tàu** *(zoo/yoo ngwạhn bàng tàh-oo)*
foreigner	**người ngoại quốc** *(ngùh-a-ee ngwại kóo-ak)*
garden	**vườn** *(vùh-an)*
group	**nhóm** *(nyáwm)*
hire, rent	**thuê** *(thway)*
imperial tomb	**lăng vua** *(lang voo-a)*
information center	**trung tâm thông tin** *(joong tum thohng teen)*
island	**đảo** *(dỏw)*
lake	**hồ** *(hòh)*
list	**danh sách** *(zaing/yaing sáik)*
mountain	**núi** *(nóo-ee)*
museum	**viện bảo tàng** *(vyẹn bỏw tàhng)*
open	**mở cửa** *(mủh kủh-a)*
pagoda, temple, mosque	**chùa** *(chòo-a)*
palace	**cung điện** *(koong dyẹn)*
park	**công viên** *(kohng vyen)*

picture, photo	*tấm hình* (túm hèeng)
relic	*di tích* (zee/yee téek)
river	*sông* (sohng)
scenic spot	*thắng cảnh* (tháng kảing)
sea	*biển* (byẻn)
sightsee	*đi thăm các thắng cảnh*
	(dee tham káhk tháng kảing)
take pictures	*chụp hình* (chọop hèeng)
they, them (people)	*họ* (hạw)
tour	*đi tua* (dee too-a)
tour guide	*hướng dẫn viên du lịch*
	(húh-ang zũn/yũn vyen zoo/
	yoo lẹek)
tourist, visitor	*du khách* (zoo/yoo kháik)
tourist	*địa điểm du lịch*
attraction	(dẹe-a dyểm zoo/yoo lẹek)
travel (for pleasure)	*đi du lịch* (dee zoo/yoo lẹek)
valley	*thung lũng* (thoong lõong)
view	*cảnh* (kảing)
waterfall	*thác* (tháhk)
zoo	*sở thú* (sủh thóo)

▶ I'm looking for a visitor information center.
Tôi đang đi tìm một trung tâm thông tin cho du khách.
(Toh-ee dahng dee tèem mọht joong tum thohng teen chaw zoo/yoo kháik.)

▶ **Where should I go?**
Tôi nên đi đâu?
(Toh-ee nayn dee doh-oo?)

▶ **What are their business hours?**
Xin cho biết giờ mở cửa của họ?
(Seen chaw byét zùh/yùh mủh kủh-a kỏo-a hạw?)

▶ **What time do they close?**
Mấy giờ họ đóng cửa?
(Máy zùh/yùh hạw dáwng kủh-a?)

▶ **We need a list of scenic spots.**
Chúng tôi cần danh sách những thắng cảnh.
(Chóong toh-ee kùn zaing/yaing sáik nyũhng
tháng kảing.)

▶ **What are the tour hours?**
Xin cho biết giờ của các tua?
(Seen chaw byét zùh/yùh kỏo-a káhk too-a?)

▶ **I want to go to Phu Quoc Island.**
Tôi muốn đi đảo Phú Quốc.
(Toh-ee moo-óhn dee dỏw Fóo Kóo-ak.)

▶ **I want to go on a cruise.**
Tôi muốn đi du ngoạn bằng tàu.
(Toh-ee moo-óhn đee zoo/yoo ngwạhn bàng tàh-oo.)

▶ **We'd like to hire a tour guide.**
Chúng tôi muốn thuê một hướng dẫn viên du lịch.
(Chóong toh-ee moo-óhn thway mọht húh-ang zũn/yũn vyen zoo/yoo lẹek.)

▶ **What scenic spots are there in this area?**
Ở vùng này có những thắng cảnh gì?
(Ửh vòong nàh-ee káw nyũhng tháng kảing zèe/yèe?)

▶ **I'd like to visit pagodas and churches.**
Tôi muốn đi thăm chùa và nhà thờ.
(Toh-ee moo-óhn dee tham chòo-a vàh nyàh thùh.)

▶ **Where is Prenn Waterfall?**
Thác Prenn ở đâu? *(Tháhk Pren ửh doh-oo?)*

▶ **Could I take some pictures here?**
Tôi chụp vài tấm hình ở đây được không?
(Toh-ee chọop vài túm hèeng ửh day dụh-ak khohng?)

▶ **Would you mind taking our picture?**
Xin chụp cho chúng tôi một tấm?
(Seen chọop chaw chóong toh-ee mọht túm?)

POPULAR DESTINATIONS

Champa Po
  Nagar Tower
  (Nha Trang)

Tháp Chàm Po Nagar
(Tháhp Chàhm Poh Nah-gah)

Cu Chi
  Tunnels

Địa Đạo Củ Chi
(Dẹe-a Dọw Kỏo Chee)

Đầm Sen Park
  (Saigon)

Công Viên Đầm Sen
(Kohng Vyen Dùm Sen)

Ha Long Bay
  (Haiphong)

Vịnh Hạ Long *(Vẹeng Hạh Lawng)*

Hanoi Opera
  House

Nhà Hát Lớn Hà Nội
(Nyàh Háht Lúhn Hàh Nọh-ee)

Hoa Lu Ancient
  Capital
  (Ninh Binh)

Cố Đô Hoa Lư
(Kóh Doh Hwah Luh)

Hoi An Ancient
  Town

Phố Cổ Hội An
(Fóh Kổh Họh-ee Ahn)

Imperial City
  (Hue)

Kinh Thành Huế
(Keeng Thàing Hwéh)

Lake of the
  Restored
  Sword (Hanoi)

Hồ Hoàn Kiếm
(Hòh Hwàhn Kyém)

Marble
  Mountains
  (Danang)

Ngũ Hành Sơn
(Ngõo Hàing Suhn)

Mekong Delta

Đồng Bằng Sông Cửu Long
*(Dòhng Bàng Sohng Kủh-oo
Lawng)*

Mui Ne Beach (Phan Thiet)	***Bãi Biển Mũi Né*** *(Bãi Byển Mõo-ee Né)*
One-Pillar Pagoda (Hanoi)	***Chùa Một Cột*** *(Chòo-a Mọht Kọht)*
Perfume Pagoda (near Hanoi)	***Chùa Hương*** *(Chòo-a Huh-ang)*
Phu Quoc Island	***Đảo Phú Quốc*** *(Dỏw Fóo Kóo-ak)*
Saigon Central Post Office	***Bưu Điện Trung Tâm Sài Gòn*** *(Buh-oo Dyẹn Joong Tum Sài Gàwn)*
Saigon Notre-Dame Basilica	***Nhà Thờ Đức Bà*** *(Nyàh Thùh Dúhk Bàh)*
Saigon Opera House	***Nhà Hát Lớn Sài Gòn*** *(Nyàh Háht Lúhn Sài Gàwn)*
Sapa Town	***Thị Trấn Sapa*** *(Thẹ Jún Sah-pah)*
Suoi Tien Amusement Park (Saigon)	***Công Viên Giải Trí Suối Tiên*** *(Kohng Vyen Zải Jée Soo-óh-ee Tyen)*
Thien Mu Pagoda (Hue)	***Chùa Thiên Mụ*** *(Chòo-a Thyen Mọo)*
Tomb of Khai Dinh (Hue)	***Lăng Khải Định*** *(Lang Khải Dẹeng)*
Tomb of Minh Mang (Hue)	***Lăng Minh Mạng*** *(Lang Meeng Mạhng)*
Tomb of Tu Duc (Hue)	***Lăng Tự Đức*** *(Lang Tụh Dúhk)*

Truc Lam **Temple** (Dalat)	***Thiền Viện Trúc Lâm*** *(Thyèn Vyẹn Jóok Lum)*
Vinh Nghiem **Pagoda** (Saigon)	***Chùa Vĩnh Nghiêm*** *(Chòo-a Vẽeng Ngyem)*
West Lake (Hanoi)	***Hồ Tây*** *(Hòh Tay)*

HOW FAR ...

far	***xa*** *(sah)*
how far?	***bao xa?*** *(bow sah?)*
or	***hay*** *(hah-ee)*
package tour	***tua du lịch trọn gói*** *(too-a zoo/yoo lẹek jạwn góy)*
safe (adjective)	***an toàn*** *(ahn twàhn)*

▶ **How far is Hoi An from Saigon?**
  Hội An cách Sài Gòn bao xa?
  (Họh-ee Ahn káik Sài Gàwn bow sah?)

▶ **Can we go to Ha Long Bay by train?**
  Đi đến Vịnh Hạ Long bằng xe lửa có được không?
  (Dee dáyn Vẹeng Hạh Lawng bàng se lửh-a káw dụh-ak khohng?)

▶ **Where do we go on this tour?**
Tua du lịch này đưa chúng tôi đi những đâu?
*(Too-a zoo/yoo lẹek nàh-ee duh-a chóong toh-ee
dee nyũhng doh-oo?)*

▶ **Will this tour take us to Hoi An Ancient Town?**
*Tua du lịch này có đưa chúng tôi đến Phố Cổ
Hội An không?*
*(Too-a zoo/yoo lẹek nàh-ee káw duh-a chóong toh-
ee dáyn Fóh Kỏh Họh-ee Ahn khohng?)*

▶ **Is it safe to go by boat?**
Đi bằng thuyền có an toàn không?
(Dee bàng thwèe-an káw ahn twàhn khohng?)

▶ **Is a package tour cheaper or more expensive?**
Tua du lịch trọn gói rẻ hơn hay mắc hơn?
*(Too-a zoo/yoo lẹek jạwn góy rẻ huhn hah-ee mák
huhn?)*

▶ **I don't like this package tour.**
Tôi không thích tua du lịch trọn gói này.
*(Toh-ee khohng théek too-a zoo/yoo lẹek jạwn góy
nàh-ee.)*

▶ **Let me see another one.**
Cho tôi xem một tua khác.
(Chaw toh-ee sem mọht too-a kháhk.)

KEY CITIES AND TOWNS

Bac Lieu	***Bạc Liêu*** *(Bạkk Lyew)*
Ca Mau	***Cà Mau*** *(Kàh Mah-oo)*
Cam Ranh	***Cam Ranh*** *(Kahm Raing)*
Can Tho	***Cần Thơ*** *(Kùn Thuh)*
Chau Đoc	***Châu Đốc*** *(Choh-oo Dóhk)*
Danang	***Đà Nẵng*** *(Dàh Nãng)*
Dalat	***Đà Lạt*** *(Dàh Lạht)*
Ha Tien	***Hà Tiên*** *(Hàh Tyen)*
Ha Tinh	***Hà Tĩnh*** *(Hàh Tẽeng)*
Hai Phong	***Hải Phòng*** *(Hải Fàwng)*
Hanoi	***Hà Nội*** *(Hàh Nọh-ee)*
Hoi An	***Hội An*** *(Họh-ee Ahn)*
Hue	***Huế*** *(Hwéh)*
Nghe An	***Nghệ An*** *(Ngẹh Ahn)*
Nha Trang	***Nha Trang*** *(Nyah Jahng)*
Phan Thiet	***Phan Thiết*** *(Fahn Thyét)*
Rach Gia	***Rạch Giá*** *(Rạik Záh/Yáh)*
Saigon	***Sài Gòn*** *(Sài Gàwn)*
Thanh Hoa	***Thanh Hóa*** *(Thaing Hwáh)*
Vung Tau	***Vũng Tàu*** *(Võong Tàh-oo)*

COMMON SIGNS

These days you'll find that many signs are written in both English and Vietnamese.

bank	**ngân hàng** *(ngun hàhng)*
barbershop	**tiệm hớt tóc** *(tyẹm húht táwk)*
Beware of the dog!	**Coi chừng chó dữ!** *(Koy chùhng cháw zũh/yũh!)*
beauty salon	**thẩm mỹ viện** *(thủm mẽe vyẹn)*
bus station	**bến xe buýt** *(béhn se bwéet)*
bus stop	**trạm xe buýt** *(jạhm se bwéet)*
coach station	**bến xe** *(béhn se)*
foreign language center	**trung tâm ngoại ngữ** *(joong tum ngwại ngũh)*
gas station	**cây xăng** *(kay sang)*
guesthouse	**nhà khách** *(nyàh kháik)*
jewelry store	**tiệm vàng** *(tyẹm vàhng)*
No Picture Taking	**Cấm Chụp Hình** *(Cúm Chọop Hèeng)*
No Smoking	**Cấm Hút Thuốc** *(Cúm Hóot Thoo-óhk)*
shopping mall	**thương xá** *(thuh-ang sáh)*
supermarket	**siêu thị** *(syew thẹe)*
train station	**ga** *(gah)*
Welcome to (a city)	**Chào Mừng Quý Khách Đến ...** *(Chòw Mùhng Kwée Kháik Dáyn ...)*

ROAD SIGNS

Danger!	***Nguy Hiểm!*** *(Ngwee Hyểm!)*
Drive Slowly	***Chạy Chậm*** *(Chạh-ee Chụm)*
No Left Turn	***Cấm Rẽ Trái*** *(Kúm Rẽ Jái)*
No Parking	***Cấm Đậu Xe*** *(Kúm Dọh-oo Se)*
No Right Turn	***Cấm Rẽ Phải*** *(Kúm Rẽ Fải)*
One-Way Street	***Đường Một Chiều*** *(Dùh-ang Mọht Chyèw)*
Parking Lot	***Bãi Đậu Xe*** *(Bãi Dọh-oo Se)*
Speed Limit	***Tốc Độ Tối Đa Cho Phép*** *(Tóhk Dọh Tóh-ee Dah Chaw Fép)*
Steep Grade	***Đường Dốc*** *(Dùh-ang Zóhk/Yóhk)*
Stop	***Dừng Lại*** *(Dùhng/Yùhng Lại)*

PART EIGHT
The Internet and Social Media

TECHNOLOGY

account	***tài khoản*** *(tài khwảhn)*
app	***ứng dụng*** *(úhng zọong/yọong)*
best	***tốt nhất*** *(tóht nyút)*
chat (verb)	***trò chuyện*** *(jàw chwẹe-an)*
each other	***cho nhau*** *(chaw nyah-oo)*
friend	***bạn*** *(bạhn)*
follow	***theo dõi*** *(the-oo zõy/yõy)*
influencer	***người có tầm ảnh hưởng lớn*** *(ngùh-a-ee káw tùm ảing hủh-ang lúhn)*
live (adjective)	***trực tiếp*** *(jụhk tyép)*
often	***thường*** *(thừh-ang)*
open (verb)	***mở*** *(mủh)*
phone	***điện thoại*** *(dyẹn thwại)*
sports	***thể thao*** *(thẻh thow)*
text (verb)	***gửi tin nhắn*** *(gủh-ee teen nyán)*
watch (verb)	***coi, xem*** *(koy, sem)*

▶ **Are there any apps for learning Vietnamese?**
Có ứng dụng nào để học tiếng Việt không?
(Káw úhng zọong/yọong nòw dẻh hạwk tyéng Vyẹt khohng?)

▶ **Which app is best for learning Vietnamese?**
Ứng dụng nào tốt nhất để học tiếng Việt?
(Úhng zọong/yọong nòw tóht nyút dẻh hạwk tyéng Vyẹt?)

▶ **I often chat with my friends on Zalo.**
Tôi thường trò chuyện với bạn tôi trên Zalo.
(Toh-ee thù-ang jàw chwẹe-an vúh-ee bạhn toh-ee jayn Zalo.)

▶ **You should open a Zalo account.**
Anh/Chị nên mở một tài khoản Zalo.
(Aing/Chẹe nayn mủh mọht tài khwảhn Zalo.)

▶ **Do you watch live sports on your phone?**
Anh/Chị có coi thể thao trực tiếp trên điện thoại không?
(Aing/Chẹe káw koy thẻh thow jụhk tyép jayn dyẹn thwại khohng?)

▶ **We could text each other.**
Chúng ta có thể gửi tin nhắn cho nhau.
(Chóong tah káw thẻh gủh-ee teen nyán chaw nyah-oo.)

▶ **Do you follow any influencers?**
  Anh/Chị có theo dõi người có tầm ảnh hưởng
  lớn nào không?
  (Aing/Chẹe káw the-oo zõy/yõy ngùh-a-ee káw
  tùm ảing hủh-ang lúhn nòw khohng?)

▶ **Can I pay with PayPal?**
  Tôi có thể trả tiền bằng PayPal không?
  (Toh-ee káw thẻh jảh tyèn bàng PayPal khohng?)

SOCIAL MEDIA

platform	*platform; nền tảng (nàyn tảhng)*
find	*tìm (tèem), tìm thấy (tèem tháy)*
keep in touch	*giữ liên lạc (zũh/yũh lyen lạhk)*
via	*qua (kwah)*
favor (verb); favorite (adjective)	*yêu thích/ưa thích (nhất) (yew théek/uh-a théek [nyút])*
play	*chơi (chuh-ee)*
game	*game; trò chơi (jàw chuh-ee)*
smartphone	*điện thoại thông minh (dyẹn thwại thohng meeng)*
free	*miễn phí (myễn fée)*
news	*tin tức (teen túhk)*

join	***gia nhập*** *(zah/yah nyụp)*
community	***cộng đồng*** *(kọhng dòhng)*
online	***mạng*** *(mạhng)*;
	trên mạng *(jayn mạhng)*

NOTE: In Vietnam, people often prefer to borrow and use English words like "platform," "game," "shop," and "podcast" instead of their Vietnamese translations, possibly because the translations sound awkward or lack impact.

▶ **Do you have a Facebook, Instagram, or TikTok account?**
Anh/Chị có tài khoản Facebook, Instagram, hay TikTok không?
(Aing/Chẹe káw tài khwảhn Facebook, Instagram, hah-ee TikTok khohng?)

▶ **Yes, I have accounts on Facebook, Instagram, and TikTok.**
Có, tôi có tài khoản Facebook, Instagram, và TikTok.
(Káw, toh-ee káw tài khwảhn Facebook, Instagram, vàh TikTok.)

▶ **I only have an Instagram account.**
Tôi chỉ có tài khoản Instagram.
(Toh-ee chẻe káw tài khwảhn Instagram.)

▶ **I don't use Facebook or TikTok.**
Tôi không dùng Facebook hay TikTok.
(Toh-ee khohng zòong/yòong Facebook hah-ee TikTok.)

▶ **No, I don't have accounts on any of those platforms.**
Không, tôi không có tài khoản trên những platform đó.
(Khohng, toh-ee khohng káw tài khwản jayn nyũhng platform dáw.)

▶ **My Facebook is ...**
Facebook của tôi là ...
(Facebook kỏo-a toh-ee lài ...)

▶ **You can find me on Instagram at ...**
Anh/Chị có thể tìm thấy tôi trên Instagram ở ...
(Aing/Chẹe káw thẻh tèem tháy toh-ee jayn Instagram ủh ...)

▶ **Let's keep in touch via Facebook or Instagram.**
Chúng ta hãy giữ liên lạc qua Facebook hay Instagram.
(Chóong tah hãh-ee zũh/yũh lyen lạhk kwah Facebook hah-ee Instagram.)

▶ **Which is your favorite account?**
Anh/Chị ưa thích tài khoản nào nhất?
(Aing/Chẹe uh-a théek tài khwảhn nòw nyút?)

▶ **Do you want to look at my photos?**
Anh/Chị có muốn xem hình của tôi không?
(Aing/Chẹe káw moo-óhn sem hèeng kỏo-a toh-ee khohng?)

▶ **Do you play games on your smartphone?**
Anh/Chị có chơi game trên điện thoại thông minh không?
(Aing/Chẹe káw chuh-ee game jayn dyẹn thwại thohng meeng khohng?)

▶ **What games do you have on your smartphone?**
Anh/Chị có những game nào trên điện thoại thông minh?
(Aing/Chẹe káw nyũhng game nòw jayn dyẹn thwại thohng meeng?

▶ **Is this game free, or do you have to buy it?**
Game này miễn phí hay phải mua?
(Game nàh-ee myẽn fée hah-ee fải moo-a?)

▶ **Which is your favorite game?**
Anh/Chị yêu thích game nào nhất?
(Aing/Chẹe yew théek game nòw nyút?)

▶ **My favorite game is ...**
Game yêu thích nhất của tôi là ...
(Game yew théek nyút kỏo-a toh-ee làh ...)

▶ **Do you follow the news on Twitter?**
Anh/Chị có theo dõi tin tức trên Twitter không?
(Aing/Chẹe káw the-oo yõy/zõy teen túhk jayn Twitter khohng?)

▶ **I want to join online communities.**
Tôi muốn gia nhập các cộng đồng mạng.
(Toh-ee moo-óhn zah/yah nyụp káhk kọhng dòhng mạhng.)

▶ **Do you use WhatsApp or Snapchat?**
Anh/Chị có dùng WhatsApp hay Snapchat không?
(Aing/Chẹe káw zòong/yòong WhatsApp hah-ee Snapchat khohng?)

THE INTERNET

recipe	*công thức* (kohng thúhk)
search engine	*công cụ tìm kiếm* (kohng kọo tèem kyém)
service	*dịch vụ* (zẹek/yẹek vọo)
streaming	*phát trực tuyến* (fáht jụhk twée-an)

▶ **Can I find a recipe for phở on the Internet?**
Tôi có thể tìm thấy công thức nấu phở trên In-tờ-nét không?
(Toh-ee káw thẻh tèem tháy kohng thúhk nóh-oo fủh jayn In tùh nét khohng?)

▶ **What is your favorite search engine?**
Anh/Chị ưa thích công cụ tìm kiếm nào nhất?
(Aing/Chẹe uh-a théek kohng kọo tèem kyém nòw nyút?)

▶ **I usually use Google to find information.**
Tôi thường dùng Google để tìm thông tin.
(Toh-ee thùh-ang zòong/yòong Google dẻh tèem thohng teen.)

► **What is your favorite online shop?**
Shop yêu thích trên mạng của anh/chị là shop nào?
(Shop yew théek jayn mạhng kỏo-a aing/chẹe lành shop nòw?)

► **I listen to podcasts while driving.**
Tôi nghe podcast khi đang lái xe.
(Toh-ee nge podcast khee dahng lái se.)

► **What is your favorite streaming service?**
Anh/Chị yêu thích dịch vụ phát trực tuyến nào nhất?
(Aing/Chẹe yew théek zẹek/yẹek vọo fáht jụhk twée-an nòw nyút?)

PART NINE
Additional Vocabulary

The word lists following summarize key vocabulary introduced in the book and include additional useful terms.

FOOD AND DRINK

[A]
apple **trái táo** *(jái tów)*
apricot **trái mơ** *(jái muh)*
avocado **trái bơ** *(jái buh)*

[B]
baguette **bánh mì** *(báing mèe)*
bamboo shoot **măng** *(mang)*
banana **trái chuối** *(jái choo-óh-ee)*
basil **rau húng quế** *(rah-oo hóong kwéh)*
bean sprouts **giá** *(záh/yáh)*
beef **thịt bò** *(thẹt bàw)*
beef stew **bò hầm** *(bàw hùm)*
beer **bia** *(bee-a)*
bitter melon **trái khổ qua** *(jái khỏh kwah)*, **mướp đắng** *(múh-ap dáng)*
black coffee **cà phê đen** *(kàh fay den)*
black pepper **tiêu** *(tyew)*
boiled egg **trứng luộc** *(júhng loo-ọhk)*
bottle of beer **chai bia** *(chai bee-a)*

bottle of water **chai nước** *(chai núh-ak)*
bottled water **nước đóng chai** *(núh-ak dáwng chai)*
bread **bánh mì** *(báing mèe)*
broth **nước lèo** *(núh-ak lè-oo)*
butter **bơ** *(buh)*

[C]
cabbage **cải bắp** *(kải báp)*
cake **bánh ngọt** *(báing ngạwt)*
can of beer **lon bia** *(lawn bee-a)*
can of Coke **lon cô-ca** *(lawn koh kah)*
carrot **cà rốt** *(kàh róht)*
cashew **hột điều** *(họht dyèw)*
cassava **khoai mì** *(khwai mèe)*
catfish **cá bông lau** *(káh bohng lah-oo)*
cauliflower **súp lơ** *(sóop luh)*
celery **cần tây** *(kùn tay)*
champagne **sâm banh** *(sum baing)*
cheese **phó mát** *(fáw máht)*

chicken **thịt gà** *(thẹet gàh)*

chicken and rice **cơm gà** *(kuhm gàh)*

chili pepper **ớt** *(úht)*

chili sauce **tương ớt** *(tuh-ang úht)*

chives **hẹ** *(hẹ)*

chocolate **sô cô la** *(soh koh lah)*

cilantro **rau ngò** *(rah-oo ngàw)*

cinnamon **quế** *(kwéh)*

coconut **trái dừa** *(jái zùh-a/yùh-a)*

coconut milk **nước dừa** *(núh-ak zùh-a/yùh-a)*

coffee **cà phê** *(kàh fay)*

coffee with milk **cà phê sữa** *(kàh fay sũh-a)*

condensed milk **sữa đặc** *(sũh-a dạk)*

corn **bắp** *(báp)*

crab **cua** *(koo-a)*

crabmeat soup **xúp cua** *(sóop koo-a)*

crepe **bánh xèo** *(báing se-òo)*

croissant **bánh sừng bò** *(báing sùhng bàw)*

cucumber **dưa chuột** *(zuh-a/yuh-a choo-ọht)*

curry **cà ri** *(kàh ree)*

[D]

dipping sauce **nước chấm** *(núh-ak chúm)*

dragon fruit **trái thanh long** *(jái thaing lawng)*

duck **thịt vịt** *(thẹet vẹet)*

dumpling **bánh bao** *(báing bow)*

durian **trái sầu riêng** *(jái sòh-oo ryeng)*

[E]

eel **lươn** *(luh-an)*

egg **trứng** *(júhng)*

eggplant **cà tím** *(kàh téem)* (cylindrical in shape); **cà pháo** *(kàh fów)* (round in shape)

egg roll **chả giò** *(chảh zàw/yàw)*

[F]

fish **cá** *(káh)*

fish sauce **nước mắm** *(núh-ak mám)*

fried fish **cá chiên** *(káh chyen)*

fried rice **cơm chiên** *(kuhm chyen)*

frog **ếch** *(éhk)*

fruit **trái cây** *(jái kay)*

[G]

garlic **tỏi** *(tỏy)*

ginger **gừng** *(gùhng)*

ginseng **sâm** *(sum)*

grape **trái nho** *(jái nyaw)*

grapefruit **trái bưởi** *(jái bửh-a-ee)*

grilled pork **thịt nướng** *(thẹet núh-ang)*

grilled pork and rice **cơm thịt nướng** *(kuhm thẹet núh-ang)*

guava **trái ổi** *(jái ỏh-ee)*

[H]

hoisin sauce *tương đen (tuh-ang den)*

honey *mật ong (mụt awng)*

hot tea *trà nóng (jàh náwng)*

[I]

ice cream *kem (kem)*

iced tea *trà đá (jàh dáh)*

iced water *nước đá (núh-ak dáh)*

[J]

jackfruit *trái mít (jái méet)*

juice *nước trái cây (núh-ak jái kay)*

[K]

kumquat *trái quất (jái kwút)*

[L]

lamb *thịt cừu non (thẹet kùh-oo nawn)*

lemon grass *sả (sảh)*

lettuce *rau xà lách (rah-oo sàh láik)*

lime *trái chanh (jái chaing)*

limeade *nước chanh (núh-ak chaing)*

lobster *tôm hùm (tohm hòom)*

longan *trái nhãn (jái nyãhn)*

long beans *đậu đũa (dọh-oo dõo-a)*

lotus seeds *hạt sen (hạht sen)*, *hột sen (họht sen)*

lychee *trái vải (jái vải)*

[M]

mango *trái xoài (jái swài)*

mangosteen *trái măng cụt (jái mang kọot)*

meat *thịt (thẹet)*

mint *rau húng (rah-oo hóong)*

moon cake *bánh Trung Thu (báing Joong Thoo)*

mung bean *đậu xanh (dọh-oo saing)*

mung bean cake *bánh đậu xanh (báing dọh-oo saing)*

mushroom *nấm (núm)*

[N]

noodle *nui (noo-ee)* (pasta); *bánh phở (báing fủh)* (white); *mì (mèe)* (yellow)

noodle soup with beef *phở bò (fủh bàw)*

noodle soup with chicken *phở gà (fủh gàh)*

noodle soup (vegetarian) *phở chay (fủh chah-ee)*

[O]

omelet *trứng tráng (júhng jáhng)*

onion *hành (hàing)*

orange *trái cam (jái kahm)*

orange juice *nước cam (núh-ak kahm)*

organic food *thực phẩm hữu cơ (thụhk fửm hũh-oo kuh)*

oyster *sò (sàw)*

[P]

papaya *trái đu đủ (jái doo dỏo)*

peach *trái đào (jái dòw)*

peanut *đậu phộng (dọh-oo fọhng)*

pear *trái lê (jái lay)*

persimmon *trái hồng (jái hòhngm)*

pineapple *trái thơm (jái thuhm)*

pork *thịt heo (thẹt he-oo)*

porridge *cháo (chów)*

potato *khoai tây (khwai tay)*

[R]

rambutan *trái chôm chôm (jái chohm chohm)*

red wine *rượu vang đỏ (rụh-a-oo vahng đảw)*

rice (cooked) *cơm (kuhm)*

rice cake *bánh chưng (báing chuhng)*

rice paper *bánh tráng (báing jáhng)*

rice vermicelli *bún (bóon)*

rice wine *rượu đế (rụh-oo déh)*

roast chicken *gà quay (gàh kwah-ee)*

[S]

salad *rau trộn (rah-oo jọhn)*

salt *muối (moo-óh-ee)*

seafood *hải sản (hải sảhn)*

sesame *vừng (vùhng)*

shrimp *tôm (tohm)*

shrimp paste *mắm tôm (mám tohm)*

smoothie *sinh tố (seeng tóh)*

snail *ốc (óhk)*

snake meat *thịt rắn (thẹt rán)*

snake wine *rượu rắn (rụh-a-oo rán)*

soda, soft drink *nước ngọt (núh-ak ngạwt)*

soup *xúp (sóop)*

soy milk *sữa đậu nành (sũh-a dọh-oo nàing)*

soy sauce *xì dầu (sèe zòh-oo/ yòh-oo)*

spring roll *gỏi cuốn (gỏy koo-óhn)*

squid *mực (mụhk)*

star apple *trái vú sữa (jái vóo sũh-a)*

starfruit *trái khế (jái khéh)*

sticky rice *xôi (soh-ee)*

sugar *đường (dùh-ang)*

sugarcane *mía (mée-a)*

sugarcane juice *nước mía (núh-ak mée-a)*

sweet potato *khoai lang (khwai lahng)*

[T]

tamarind *trái me (jái me)*

tangerine *trái quít (jái kwéet)*

taro *khoai môn (khwai mohn)*

tea *trà (jàh)*

tofu *đậu phụ (dọh-oo fọo)*

tomato *cà chua (kàh choo-a)*

turmeric *nghệ (ngẹh)*

turkey *thịt gà tây (thẹt gàh tay)*

[V]

vegetable **rau** *(rah-oo)*

vegetarian dish **món chay**
(máwn chah-ee)

vinegar **giấm** *(zúm/yúm)*

[W]

watermelon **trái dưa hấu**
(jái zuh-a/yuh-a hóh-oo)

watermelon seed **hạt dưa**
(hạht zuh-a/yuh-a)

water spinach **rau muống**
(rah-oo moo-óhng)

white wine **rượu vang trắng**
(rụh-a-oo vahng jáng)

wine **rượu vang** *(rụh-a-oo
vahng)*

GENERAL WORD LIST

[A]
a little **một chút** (mọht chóot)

abundant **dồi dào** (zòh-ee zòw/yòh-ee yòw)

accident **tai nạn** (tai nạhn)

account **tài khoản** (tài khwảhn)

address **địa chỉ** (dẹe-a chẻe)

addressee **người nhận** (ngùh-a-ee nyụn)

again **lại** (lại)

ago, before **cách đây** (káik day)

air conditioner **máy lạnh** (máh-ee lạing)

airlines **hãng hàng không** (hãhng hàhng khohng)

airmail **thư hàng không** (thuh hàhng khohng)

airplane **máy bay** (máh-ee bah-ee)

airport **phi trường** (fee jùh-ang)

aisle seat **ghế cạnh lối đi** (géh kạing lóh-ee dee)

all the conveniences **đầy đủ tiện nghi** (dày dỏo tyẹn ngee)

allergy **dị ứng** (zẹe/yẹe úhng)

already, yes **rồi** (ròh-ee)

also **cũng** (kõong)

always **luôn luôn** (loo-ohn loo-ohn)

ambulance **xe cứu thương** (se kúh-oo thuh-ang)

America **Mỹ** (Mẽe)

and **và** (vàh)

another **một ... khác** (mọht ... kháhk)

answer **trả lời** (jảh lùh-ee)

antibiotic **thuốc trụ sinh** (thoo-óhk jọo seeng)

antifungal medication **thuốc trị nấm** (thoo-óhk jẹe núm)

antique chair **ghế cổ** (géh kỏh)

antique table **bàn cổ** (bàhn kỏh)

antiques **đồ cổ** (dòh kỏh)

antiseptic **thuốc khử trùng** (thoo-óhk khủh jòong)

app **ứng dụng** (úhng zọong/yọong)

appetizer **món khai vị** (máwn khai vẹe)

approximately, about **khoảng** (khwảhng)

April **tháng tư** (tháhng tuh)

architect **kiến trúc sư** (kyén jóok suh)

architecture **kiến trúc** (kyén jóok)

arm **cánh tay** (káing tah-ee)

arrival time **giờ đến** (zùh/yùh dáyn)

arriving flight **chuyến bay đến** (chwée-an bah-ee dáyn)

arriving train **chuyến đến** (chwée-an dáyn)

ask for directions **hỏi đường** (hỏy dùh-ang)

ask, please **xin** (seen)

asthma **bệnh suyễn** *(bạyng swēe-an)*

at (a certain time) **lúc** *(lóok)*

ATM **máy rút tiền tự động** *(máh-ee róot tyèn tụh dọhng)*

August **tháng tám** *(tháhng táhm)*

Australia **Úc** *(Óok)*

author **tác giả** *(táhk zảh/yảh)*

[B]

back **lưng** *(luhng)*

back support **băng nẹp lưng** *(bang nẹp luhng)*

bad, severe **nặng** *(nạng)*

baggage, luggage **hành lý** *(hàing lée)*

bandage **băng cứu thương** *(bang kúh-oo thuh-ang)*

Band-Aid **băng cá nhân** *(bang káh nyun)*

bank **ngân hàng** *(ngun hàhng)*

bank account **tài khoản** *(tài khwảhn)*

bar **quán rượu** *(kwáhn rụh-a-oo)*

barber **thợ cắt tóc** *(thụh kát táwk)*

barbershop **tiệm hớt tóc** *(tyẹm húht táwk)*

bathroom **phòng tắm** *(fàwng tám)*

bay **vịnh** *(vẹeng)*

be **là** *(làh)*

be at, be located at **nằm ở** *(nàm ủh)*

beach **bãi biển** *(bãi byẻn)*

beard **râu quai nón** *(roh-oo kwai nón)*

beautician **chuyên viên thẩm mỹ** *(chwee-ayn vyen thủm mẽe)*

beautiful **đẹp** *(dẹp)*

beauty salon, beauty parlor **thẩm mỹ viện** *(thủm mẽe vyẹn)*

because **vì** *(vèe)*

beige **màu be** *(mài-oo be)*

best **tốt nhất** *(tóht nyút)*

best friend **bạn thân nhất** *(bạhn thun nyút)*

beware of **coi chừng** *(koy chùhng)*

bicycle **xe đạp** *(se dạhp)*

birthday **sinh nhật** *(seeng nyụt)*

black **màu đen** *(mài-oo den)*

bleed **chảy máu** *(chảh-ee máh-oo)*

blood **máu** *(máh-oo)*

blood test **thử máu** *(thủh máh-oo)*

blouse **áo sơ mi phụ nữ** *(ów suh mee fọo nũh)*

blow-dry **sấy tóc** *(sáy táwk)*

blue **màu xanh dương** *(mài-oo saing zuh-ang/yuh-ang)*

boarding time **giờ lên máy bay** *(zùh/yùh layn máh-ee bah-ee)*

boat **thuyền** *(thwèe-an)*

book **cuốn sách** *(koo-óhn sáik)*

bookstore **tiệm sách** *(tyẹm sáik)*

born **sanh** *(saing)*
bowl **chén** *(chén)*
bowl (big) **tô** *(toh)*
boyfriend **bạn trai** *(bạhn jai)*
breakfast **bữa sáng** *(bũh-a sáhng)*
breathing difficulty **khó thở** *(kháw thủh)*
bride **cô dâu** *(koh zoh-oo/yoh-oo)*
bridegroom **chú rể** *(chóo rểh)*
bring **mang** *(mahng)*
brown **màu nâu** *(màh-oo noh-oo)*
burn (verb) **bị phỏng** *(bẹe fảwng)*
bus **xe buýt** *(se bwéet)*
bus fare **giá vé xe buýt** *(záh/yáh vé se bwéet)*
bus station **bến xe buýt** *(báyn se bwéet)*
bus stop **trạm xe buýt** *(jạhm se bwéet)*
business hours **giờ mở cửa** *(zùh/yùh mủh kủh-a)*
busy **bận** *(bụn)*
buy **mua** *(moo-a)*

[C]
cab driver **tài xế tắc-xi** *(tài séh ták see)*
cab fare **giá cước** *(záh/yáh kúh-ak)*
call back **gọi lại** *(gọy lại)*
can, be able to **có thể** *(káw thểh)*

Canada **Gia Nã Đại** *(Zah/Yah Nãh Dại)*
cancel one's reservation **hủy phòng đã đặt** *(hwẻe fàwng dãh dạt)*
car **xe hơi** *(se huh-ee)*
carry-on **hành lý xách tay** *(hàing lée sáik tah-ee)*
cash **tiền mặt** *(tyèn mạt)*
cell phone **điện thoại di động** *(dỵen thwại zee/yee dọhng)*
cell phone number **số điện thoại di động** *(sóh dỵen thwại zee/yee dọhng)*
ceramics **đồ gốm** *(dòh góhm)*
chamber music **nhạc thính phòng** *(nyạhk théeng fàwng)*
change (money given back) **tiền thối lại** *(tyèn thói-ee lại)*
change rooms (in hotel) **đổi phòng** *(dổh-ee fàwng)*
chat (verb) **trò chuyện** *(jàw chwẹe-an)*
chauffeur **tài xế** *(tài séh)*
cheap **rẻ** *(rẻ)*
check (issued by a bank) **chi phiếu** *(chee fyéw)*
check (in a restaurant) **giấy tính tiền** *(záy/yáy téeng tyèn)*
check (one's bags) **gửi** *(gủh-ee)*
checking account **trương mục chi phiếu** *(juh-ang mọok chee fyéw)*
cheek **má** *(máh)*
chess (Chinese) **cờ tướng** *(kùh túh-ang)*
chess (international) **cờ quốc tế** *(kùh kóo-ak téh)*

chest **ngực** (ngụhk)

children **con** (kawn)

children's book **sách thiếu nhi** (sáik thyéw nyee)

chills **ớn lạnh** (úhn lạing)

China **Trung Quốc** (Joong Kóo-ak)

chopstick **chiếc đũa** (chyék dõo-a)

church **nhà thờ** (nyàh thùh)

citadel **thành** (thàing)

city **thành phố** (thàing fóh)

city blocks **dãy phố** (zãh-ee/yãh-ee fóh)

climate **khí hậu** (khée họh-oo)

close, closed **đóng cửa** (dáwng kủh-a)

close by, near here **gần đây** (gùn day)

close friend **bạn thân** (bạhn thun)

clothing store **tiệm bán quần áo** (tyẹm báhn kwùn ów)

cloud **mây** (may)

cloudy **nhiều mây** (nyèw may)

coach station **bến xe** (béhn se)

coat **áo khoác** (ów khwáhk)

cocktail **cốc tai** (kóhk tai)

coffee shop **quán cà phê** (kwáhn kàh fay)

cold **lạnh** (lạing)

cold (ailment) **cảm** (kảhm)

cold season **mùa lạnh** (mòo-a lạing)

cold water **nước lạnh** (núh-ak lạing)

college student **sinh viên** (seeng vyen)

color **màu** (mào-o)

come back, be back **trở lại** (jủh lại)

come down (in price) **bớt** (búht)

community **cộng đồng** (kọhng dòhng)

come in **vào** (vòw)

company **công ty** (kohng tee)

complaint **khiếu nại** (khyéw nại)

computer **máy vi tính** (máh-ee vee téeng)

confirm **xác nhận** (sáhk nyụn)

conical hat **nón lá** (náwn láh)

conveniences **tiện nghi** (tyẹn ngee)

cookbook **sách dạy nấu ăn** (sáik zạh-ee/yạh-ee nóh-oo an)

cool **mát** (máht)

cortisone **coóc-ti-zôn** (káwk tee zohn)

cough (verb) **ho** (haw)

country **nước** (núh-ak)

cousins **anh chị em họ** (aing chẹe em hạw)

credit card **thẻ tín dụng** (thẻ téen zọong/yọong)

crew cut **cắt ngắn** (kát ngán)

cruise **du ngoạn bằng tàu** (zoo/yoo ngwạhn bàng tàh-oo)

cruise ship **tàu biển** (tàh-oo byẻn)

culture **văn hóa** (van hwáh)

cup **tách** (táik)

currently (happening) **đang** (dahng)

cut (hair) **cắt** *(kát)*

cut oneself **bị đứt** *(bẹe dúht)*

cyclo **xe xích-lô** *(se séek loh)*

[D]

dance club **vũ trường** *(võo jùh-ang)*

daughter **con gái** *(kawn gái)*

day **ngày** *(ngàh-ee)*

debit card **thẻ trích tiền trực tiếp** *(thẻ jéek tyèn jụhk týép)*

December **tháng mười hai** *(tháhng mùh-a-ee hai)*

delicious **ngon** *(ngawn)*

Denmark **Đan Mạch** *(Dahn Mạik)*

dentist **nha sĩ** *(nya sẽe)*

departing flight **chuyến bay đi** *(chwée-an bah-ee dee)*

departing train **chuyến đi** *(chwée-an dee)*

departure time **giờ khởi hành** *(zùh/yùh khủh-ee hàing)*

deposit money **gửi tiền** *(gủh-ee tyèn)*

dermatitis **bệnh viêm da** *(bạyng vyem zah/yah)*

dessert **món tráng miệng** *(máwn jáhng mỵẹng)*

diarrhea **tiêu chảy** *(tyew chảh-ee)*

dictionary **tự điển** *(tụh dyẻn)*

difficult **khó** *(kháw)*

dining room **phòng ăn** *(fàwng an)*

dinner **bữa tối** *(bũh-a tóh-ee)*

director **giám đốc** *(záhm/yáhm dóhk)*

discount **giảm giá** *(zảhm/yáhm záh/yáh)*

dish (of food) **món ăn** *(máwn an)*

disinfectant **thuốc sát trùng** *(thoo-óhk sáht jòong)*

dizziness **chóng mặt** *(cháwng mạt)*

dock (verb) **cập bến** *(kụp béhn)*

doctor **bác sĩ** *(báhk sẽe)*

document **tài liệu** *(tài lyẹu)*

dollar **đô** *(doh)*

domestic mail **thư từ trong nước** *(thuh tùh jawng núh-ak)*

double room **phòng đôi** *(fàwng doh-ee)*

dozen **chục** *(chọok)*

drama, theater **kịch nghệ** *(kẹek ngẹh)*

dress **áo đầm** *(ów dùm)*

drink (verb) **uống** *(oo-óhng)*

drive **chở, lái** *(chủh) (lái)*

driver's license **bằng lái** *(bàng lái)*

dry **khô** *(khoh)*

dry-clean **hấp tẩy** *(húp tẩh-ee)*

dry cleaner's **tiệm giặt ủi** *(tyẹm zạt/yạt ỏo-ee)*

dry season **mùa khô** *(mòo-a khoh)*

dry skin **khô da** *(khoh zah/yah)*

dye **nhuộm** *(nyoo-ọhm)*

[E]

each other **cho nhau** *(chaw nyah-oo)*

ear **tai** *(tai)*

ear infection **nhiễm trùng tai** *(nyễm jòong tai)*

easier, more easily **dễ hơn** *(zễh/yễh huhn)*

east **đông** *(dohng)*

easy **dễ** *(zễh/yễh)*

eat **ăn** *(an)*

economics **kinh tế** *(keeng téh)*

elementary/high school student **học sinh** *(hạwk seeng)*

email **email** *(ee me-oo)*

email address **địa chỉ thư điện tử** *(dẹe-a chẻe thuh dyẹn tửh)*

embroidered painting **bức tranh thêu** *(búhk jaing thay-oo)*

emergency **cấp cứu** *(kúp kúh-oo)*

employee **nhân viên** *(nyun vyen)*

engineer **kỹ sư** *(kễe suh)*

England **Anh** *(Aing)*

English language **tiếng Anh** *(tyéng Aing)*

English-Vietnamese dictionary **tự điển Anh-Việt** *(tụh dyển Aing Vyẹt)*

entrepreneur **doanh nhân** *(zwahng/ywahng nyun)*

envelope **phong bì** *(fawng bèe)*

eucalyptus oil **dầu khuynh diệp** *(dòh-oo/yòh-oo khweeng zẹe-ap)*

everyone **mọi người** *(mọy ngùh-a-ee)*

exchange money **đổi tiền** *(dỏh-ee tyèn)*

exchange rate **hối suất** *(hóh-ee swút)*

excuse me **xin lỗi** *(seen lõh-ee)*

expensive **mắc** *(mák)*

explain **giải thích** *(zải/yải théek)*

express mail **thư chuyển phát nhanh** *(thuh chwẻe-an fáht nyaing)*

extra large **lớn nhất** *(lúhn nyút)*

eye **mắt** *(mát)*

eyebrow **lông mày** *(lohng màh-ee)*

[F]

facial **làm mặt** *(làhm mạt)*

factory worker **công nhân** *(kohng nyun)*

faint (verb) **xỉu** *(sẻe-oo)*

fall (season) **mùa thu** *(mòo-a thoo)*

family **gia đình** *(zah/yah dèeng)*

far **xa** *(sah)*

farmer **nông dân** *(nohng zun/yun)*

fashion **thời trang** *(thùh-ee jahng)*

father **cha, ba, bố** *(chah) (bah) (bóh)*

favor (verb); favorite (adj.) **yêu thích/ưa thích (nhất)** *(yew théek/uh-a théek [nyút])*

fax **phách** *(fáik)*

February **tháng hai** *(tháhng hai)*

fee **phí** *(fée)*

fever **sốt** *(sóht)*

filled with **tràn đầy** *(jàhn dày)*

find **tìm** *(tèem)*, **tìm thấy** *(tèem tháy)*

finger **ngón tay** *(ngáwn tah-ee)*

fingernail **móng tay** *(máwng tah-ee)*

fit (right size) **vừa vặn** *(vùh-a vạn)*

fitting room **phòng thử đồ** *(fàwng thủh dòh)*

flight **chuyến bay** *(chwée-an bah-ee)*

flight number **chuyến bay số** *(chwée-an bah-ee sóh)*

flood **lũ lụt** *(lõo lọot)*

floor **lầu** *(lòh-oo)*

flu **cúm** *(kóom)*

flu shot **chích ngừa cúm** *(chéek ngùh-a kóom)*

fold **gấp** *(gúp)*

follow **đi theo** *(dee the-oo)*; **theo dõi** *(the-oo zõy/yõy)*

follow-up **tái khám** *(tái khám)*

food poisoning **trúng thực** *(jóong thụhk)*

foot **bàn chân** *(bàhn chun)*

for rent **cho thuê** *(chaw thway)*

foreign language center **trung tâm ngoại ngữ** *(joong tum ngwại ngũh)*

foreigner **người ngoại quốc** *(ngùh-a-ee ngwại kóo-ak)*

fork **cái nĩa** *(kái nẽe-a)*

fragrant **thơm** *(thuhm)*

France **Pháp** *(Fáhp)*

free **rảnh** *(rảing)*; **miễn phí** *(myẽn fée)*

fresh **tươi** *(tuh-a-ee)*

Friday **thứ sáu** *(thúh sáh-oo)*

friend **bạn** *(bạhn)*

front desk **bàn tiếp tân** *(bàhn tyép tun)*

fun **vui** *(voo-ee)*

[G]

game **game; trò chơi** *(jàw chuh-ee)*

garden **vườn** *(vùh-an)*

gas **xăng** *(sang)*

gas station **cây xăng** *(kay sang)*

gastritis **đau bao tử** *(dah-oo bow tủh)*

gate number **cổng số** *(kỏhng sóh)*

Germany **Đức** *(Dúhk)*

get around **đi quanh** *(dee kwahng)*

get off **xuống** *(soo-óhng)*

get on **lên** *(layn)*

gift **quà tặng** *(kwàh tạng)*

girlfriend **bạn gái** *(bạhn gái)*

give directions, direct **chỉ đường** *(chẻe dùh-ang)*

glass **ly** *(lee)*

go **đi** *(dee)*

go home **về nhà** *(vèh nyàh)*

go straight **đi thẳng** *(dee thẳng)*

good **tốt** *(tóht)*

goodbye **chào** *(chòw)*

goodbye (formal) **tạm biệt** *(tạhm byẹt)*

granddaughter **cháu gái** *(cháh-oo gái)*

grandson **cháu trai** *(cháh-oo jai)*

gray **màu xám** *(màh-oo sáhm)*

green **màu xanh lá cây** *(màh-oo saing láh kay)*

green, unripe **còn xanh** *(kàwn saing)*

groom, bridegroom **chú rể** *(chóo rểh)*

group **nhóm** *(nyáwm)*

guesthouse **nhà khách** *(nyàh kháik)*

[H]

hair **tóc** *(táwk)*

hairdresser **thợ uốn tóc** *(thụh oo-óhn táwk)*

hairstyle **kiểu tóc** *(kyểw táwk)*

hand **bàn tay** *(bàn tah-ee)*

hand-embroidered **thêu tay** *(thay-oo tah-ee)*

handkerchief **khăn tay** *(khan tah-ee)*

happiness **hạnh phúc** *(hạing fóok)*

happy **vui vẻ** *(voo-ee vẻ)*

hat **nón** *(náwn)*

have **có** *(káw)*

have to **phải** *(fải)*

head **đầu** *(dòh-oo)*

headache **nhức đầu** *(nyúhk dòh-oo)*

head massage **mát xa đầu** *(máht sah dòh-oo)*

health **sức khỏe** *(súhk khwẻ)*

heart **tim** *(teem)*

heart attack **cơn đau tim** *(kuhn dah-oo teem)*

heat stroke **trúng nắng** *(jóong náng)*

heat up **hâm nóng** *(hum náwng)*

heel **gót chân** *(gáwt chun)*

height **chiều cao** *(chyèw kao)*

hello **chào** *(chòw)*

hello (on the phone) **a lô** *(ah loh)*

help **giúp** *(zóop/yóop)*

here **đây, ở đây** *(day) (ủh day)*

high heels **giày cao gót** *(zàh-ee/yàh-ee kow gáwt)*

hip **hông** *(hohng)*

hire, rent **thuê** *(thway)*

history **lịch sử** *(lẹek sủh)*

Holland **Hòa Lan** *(Hwàh Lahn)*

honored **hân hạnh** *(hun hạing)*

hospital **bệnh viện** *(bạyng vyẹn)*

hot **nóng** *(náwng)*

hot season **mùa nóng** *(mòo-a náwng)*

hot water **nước nóng** *(núh-ak náwng)*

hotel **khách sạn** *(kháik sạhn)*

hotel maid **người dọn phòng**

(ngùh-a-ee zạwn/yạwn fàwng)

hour, time **giờ** *(zùh/yùh)*

house, home, household **nhà** *(nyàh)*

how far? **bao xa?** *(bow sah?)*

how long? **mất bao lâu?** *(mút bow loh-oo?)*

how much? **bao nhiêu?** *(bow nyew?)*

humid **ẩm** *(ủm)*

hurt (verb) **bị đau** *(bẹe dah-oo)*

husband **chồng** *(chòhng)*

[I]

ice **đá** *(dáh)*

immediately **ngay** *(ngah-ee)*

imperial tomb **lăng vua** *(lang voo-a)*

in (a language) **bằng** *(bàng)*

include **bao gồm** *(bow gòhm)*

India **Ấn Độ** *(Ún Dọh)*

Indonesia **Nam Dương** *(Nahm Zuh-ang/Yuh-ang)*

infected **bị nhiễm trùng** *(bẹe nyẽm jòong)*

infection **nhiễm trùng** *(nyẽm jòong)*

influencer **người có tầm ảnh hưởng lớn** *(ngùh-a-ee káw tùm ảing hửh-ang lúhn)*

information **thông tin** *(thohng teen)*

information center **trung tâm thông tin** *(joong tum thohng tin)*

injection **chích ngừa** *(chéek ngùh-a)*

injury **bị thương** *(bẹe thuh-ang)*

insurance **bảo hiểm** *(bỏw hyểm)*

international call **gọi điện thoại quốc tế** *(gọy dyẹn thwại kóo-ak téh)*

international mail **thư từ quốc tế** *(thuh tùh kóo-ak téh)*

Internet **In-tờ-nét** *(In tờ nét)*

Internet café **quán Internet café** *(kwáhn In tờ nét kàh feh)*

interpreter/translator **thông dịch viên** *(thohng zẹek/yẹek vyen)*

intersection **ngã tư** *(ngãh tuh)*

introduce **giới thiệu** *(zúh-ee/yúh-ee thyẹw)*

invite **mời** *(mùh-ee)*

Ireland **Ái Nhĩ Lan** *(Ái Nyẽe Lahn)*

island **đảo** *(dỏw)*

Italy **Ý** *(Ée)*

itchy **bị ngứa** *(bẹe ngúh-a)*

[J]

jacket **áo khoác** *(ów khwáhk)*

January **tháng một** *(tháng mọht)*

Japan **Nhật** *(Nyụt)*

jewelry store **tiệm vàng** *(tyẹm vàhng)*

join **gia nhập** *(zah/yah nyụp)*

joy **niềm vui** *(nyèm voo-ee)*

July **tháng bảy** *(tháng bảh-ee)*

June **tháng sáu** *(tháhng sáh-oo)*

[K]

karaoke **karaoke** *(kah rah oh kay)*

karaoke bar **quán karaoke** *(kwáhn kah rah oh kay)*

keep in touch **giữ liên lạc** *(zũh/yũh lyen lạhk)*

keep the change **không cần thối lại** *(khohng kùn thóh-ee lại)*

kilo **ký** *(kée)*

kind, type **loại** *(lwại)*

knee **đầu gối** *(dòh-oo góh-ee)*

knife **con dao** *(kawn zow/yow)*

know, can **biết** *(byét)*

[L]

lab **phòng thử nghiệm** *(fàwng thủh ngyẹm)*

lacquered box **hộp sơn mài** *(họhp suhn mài)*

lacquered painting **bức tranh sơn mài** *(búhk jaing suhn mài)*

lacquered vase **bình sơn mài** *(bèeng suhn mài)*

lake **hồ** *(hòh)*

language **tiếng** *(tyéng)*

large **lớn** *(lúhn)*

last month **tháng trước** *(tháhng júh-ak)*

last week **tuần trước** *(twùn júh-ak)*

last year **năm trước** *(nam júh-ak)*

late afternoon, evening **chiều** *(chyèw)*

late at night **khuya** *(khwee-a)*

late morning, noon, early afternoon **trưa** *(juh-a)*

laundry room **phòng giặt** *(fàwng zạt/yạt)*

lawyer **luật sư** *(lwụt suh)*

leave a message **nhắn lại** *(nyán lại)*

leg **cẳng chân** *(kảng chun)*

length **chiều dài** *(chyèw zài/yài)*

let us **chúng ta ... đi** *(chóong tah ... dee)*

letter **lá thơ** *(láh thuh)*

library **thư viện** *(thuh vyẹn)*

like, enjoy **thích** *(théek)*

lip **môi** *(moh-ee)*

list **danh sách** *(zaing/yaing sáik)*

literature **văn chương** *(van chuh-ang)*

live (adj.) **trực tiếp** *(jụhk tyép)*

living room **phòng khách** *(fàwng kháik)*

local call **gọi điện thoại nội hạt** *(gọy dyẹn thwại nọh-ee hạht)*

long **dài** *(zài/yài)*

long-distance call **gọi điện thoại viễn liên** *(gọy dyẹn thwại vyẽn lyen)*

longevity, long life **sống lâu trăm tuổi** *(sóhng loh-oo jam too-ỏh-ee)*

look at **xem** *(sem)*

look for **tìm, kiếm** (tèem) (kyém)

lost **lạc đường** (lạhk dùh-ang)

love (verb) **yêu** (yew)

lukewarm **nguội** (ngoo-ọh-ee)

lunch **bữa trưa** (bũh-a juh-a)

[M]

magazine **tạp chí** (tạhp chée)

mail **thư từ** (thuh tùh)

mail carrier **người phát thư** (ngùh-a-ee fáht thuh)

main post office **bưu điện chính** (buh-oo dyẹn chéeng)

make a phone call **gọi điện thoại** (gọy dyẹn thwại)

makeup **trang điểm** (jahng dyẻm)

Malaysia **Mã Lai** (Mãh Lai)

manicure **làm móng tay** (làhm máwng tah-ee)

map **bản đồ** (bảhn dòh)

March **tháng ba** (tháhng bah)

market, marketplace **chợ** (chụh)

married **có gia đình** (káw zah/yah dèeng)

massage **mát xa** (máht sah)

maternal grandfather **ông ngoại** (ohng ngwại)

maternal grandmother **bà ngoại** (bàh ngwại)

May **tháng năm** (tháhng nam)

mean (verb) **nghĩa** (ngẽe-a)

measurement **đo lường** (daw lùh-ang)

medicated oil **dầu gió xanh** (zòh-oo/yòh-oo záw/yáw saing)

medicine, medication **thuốc** (thoo-óhk)

medium **trung bình** (joong bèeng)

meet **gặp** (gạp)

men's room **nhà vệ sinh nam** (nyàh vẹh seeng nahm)

menu **tờ thực đơn** (tùh thụhk duhn)

message **lời nhắn** (lùh-ee nyán)

meter **mét** (mét)

middle seat **ghế giữa** (géh zũh-a/yũh-a)

midnight **nửa đêm** (nủh-a daym)

mileage **số dặm** (sóh zạm/yạm)

milk **sữa** (sũh-a)

minus **kém** (kém)

minute **phút** (fóot)

Monday **thứ hai** (thúh hai)

money **tiền** (tyèn)

month **tháng** (tháhng)

more **nữa, thêm** (nũh-a) (thaym)

more, -er **hơn** (huhn)

more slowly **chậm lại** (chụm lại)

morning **sáng** (sáhng)

mosquito **muỗi** (mõo-a-ee)

mosquito bites **vết muỗi cắn** (véht mõo-a-ee kán)

mosquito repellent **kem chống muỗi** (kem chóhng mõo-a-ee)

most, -est **nhất** (nyút)

mother **mẹ, má** *(mẹ) (máh)*

motorbike **xe gắn máy** *(se gán máh-ee)*

motorboat **ca-nô** *(kah noh)*

motor-taxi **xe ôm** *(se ohm)*

mountain **núi** *(nóo-ee)*

mouth **miệng** *(myẹng)*

movie **phim** *(feem)*

movie theater **rạp xi-nê** *(rạhp see nay)*

museum **viện bảo tàng** *(vyẹn bỏw tàhng)*

music **âm nhạc** *(um nyạhk)*

must be **chắc là** *(chák là)*

mustache **râu mép** *(roh-oo mép)*

[N]

nail **móng** *(máwng)*

name **tên** *(tayn)*

napkin **khăn ăn** *(khan an)*

nausea **buồn ói** *(boo-òhn óy)*

neck **cổ** *(kỏh)*

necktie **cà vạt** *(kàh vạht)*

need **cần** *(kùn)*

nephew **cháu trai** *(cháh-oo jai)*

new **mới** *(múh-ee)*

news **tin tức** *(teen túhk)*

newspaper **báo** *(bów)*

next month **tháng sau** *(tháhng sah-oo)*

next week **tuần sau** *(twùn sah-oo)*

next year **năm sau** *(nam sah-oo)*

niece **cháu gái** *(cháh-oo gái)*

night **tối** *(tóh-ee)*

nightclub **hộp đêm** *(họhp daym)*

no, not **không** *(khohng)*

north **bắc** *(bák)*

North Korea **Bắc Hàn** *(Bák Hàhn)*

Norway **Na Uy** *(Nah Wee)*

nose **mũi** *(mũh-ee)*

not yet **chưa** *(chuh-a)*

novel **tiểu thuyết** *(tyẻw thwée-at)*

novelist **văn sĩ** *(van sẽe)*

November **tháng mười một** *(tháhng mùh-a-ee mọht)*

now **bây giờ** *(bay zùh/yùh)*

nurse **y tá** *(ee táh)*

[O]

October **tháng mười** *(tháhng mùh-a-ee)*

of **của** *(kỏo-a)*

often **thường** *(thùh-ang)*

oil painting **bức tranh sơn dầu** *(búhk jaing suhn zòh-oo/yòh-oo)*

ointment **thuốc bôi** *(thoo-óhk boh-ee)*

OK (reluctantly) **thôi cũng được** *(thoh-ee kõong dụh-ak)*

older brother **anh** *(aing)*

older sister **chị** *(chẹe)*

on **trên** *(jayn)*

on (a certain day) **vào** *(vòw)*

on the left-hand side **bên tay trái** *(bayn tah-ee jái)*

on the right-hand side **bên tay phải** *(bayn tah-ee fải)*

one-way **một chiều** (mọht chyèw)

online **mạng** (mạhng); **trên mạng** (jayn mạhng)

only, just **chỉ ... thôi** (chẻe ... thoh-ee)

open **mở cửa** (mủh kủh-a); **mở** (mủh)

opera house **nhà hát lớn** (nyàh háht lúhn)

or **hay** (hah-ee)

orange (color) **màu cam** (màh-oo kahm)

order (verb) **gọi** (gọy)

over there **đằng kia** (dàng kee-a)

[P]

package tour **tua du lịch trọn gói** (too-a zoo/yoo lẹek jạwn góy)

package, parcel **gói hàng** (góy hàhng)

pagoda, temple, mosque **chùa** (chòo-a)

painting (as an art) **hội họa** (họh-ee hwạh)

painting (painted picture) **bức tranh** (búhk jaing)

pair of chopsticks **đôi đũa** (doh-ee dõo-a)

pair of high heels **đôi giày cao gót** (doh-ee zàh-ee/yàh-ee kow gáwt)

pair of shoes **đôi giày** (doh-ee zàh-ee/yàh-ee)

pajamas **bộ đồ ngủ** (bọh dòh ngỏo)

palace **cung điện** (koong dyẹn)

pants **quần** (kwùn)

paper napkin **khăn giấy** (khan záy/yáy)

park **công viên** (kohng vyen)

parking lot **bãi đậu xe** (bãi dọh-oo se)

passenger **hành khách** (hàing kháik)

passenger train **xe lửa chở khách** (se lủh-a chủh kháik)

passport **hộ chiếu** (họh chyéw)

paternal grandfather **ông nội** (ohng nọh-ee)

paternal grandmother **bà nội** (bàh nọh-ee)

pawn shop **tiệm cầm đồ** (tyẹm kùm dòh)

pay **trả, trả tiền** (jảh) (jảh tyèn)

peaceful **an khang** (ahn khahng)

pedicure **làm móng chân** (làhm máwng chun)

perhaps **có lẽ** (káw lẽ)

perm **uốn tóc** (oo-óhn táwk)

person **người** (ngùh-a-ee)

pharmacist **dược sĩ** (zụh-ak/yụh-ak sẽe)

pharmacy **nhà thuốc tây** (nyàh thoo-óhk tay)

Philippines **Phi Luật Tân** (Fee Lwụt Tun)

phone **điện thoại** (dyẹn thwại)

phone number **số điện thoại** (sóh dyẹn thwại)

pick up (a car) **lấy** (láy)

pick up (an item from a place) **đến lấy** *(dáyn láy)*

picture, photo **tấm hình** *(túm hèeng)*

picture book **truyện tranh** *(jwẹe-an jaing)*

pink **màu hồng** *(màh-oo hòhng)*

plane ticket **vé máy bay** *(vé máh-ee bah-ee)*

plate **dĩa** *(zẽe-a/yẽe-a)*

platform **platform; nền tảng** *(nàyn tảhng)*

play **chơi** *(chuh-ee)*

playing cards **bộ bài** *(bọh bài)*

pleasant **dễ chịu** *(zẽh/yẽh chẹe-oo)*

pleased, happy **vui** *(voo-ee)*

pluck **nhổ** *(nyỏh)*

poem **bài thơ** *(bài thuh)*

poet **thi sĩ** *(thee sẽe)*

poetry **thơ** *(thuh)*

politics **chính trị** *(chéeng jẹe)*

post office **bưu điện** *(buh-oo dyẹn)*

postage **bưu cước** *(buh-oo kúh-ak)*

postcard **bưu thiếp** *(buh-oo thyép)*

prescription **toa thuốc** *(twah thoo-óhk)*

price **giá** *(záh/yáh)*

priceless **vô giá** *(voh záh/yáh)*

professor **giáo sư** *(zów/yów suh)*

prosperous **thịnh vượng** *(thẹeng vụh-ang)*

public phone **điện thoại công cộng** *(dyẹn thwại kohng kọhng)*

purple **màu tím** *(màh-oo téem)*

purse **ví xách tay** *(vée sáik tah-ee)*

[Q]

quality **chất lượng** *(chút lụh-ang)*

[R]

railroad map **bản đồ hỏa xa** *(bảhn dòh hwảh sah)*

rain, rainy **mưa** *(muh-a)*

rainy season **mùa mưa** *(mòo-a muh-a)*

rather **hơi** *(huh-ee)*

razor **lưỡi dao cạo** *(lũh-a-ee zow/yow kọw)*

ready **sẵn sàng** *(sãn sàhng)*

receipt **biên lai** *(byen lai)*

recipe **công thức** *(kohng thúhk)*

red **màu đỏ** *(màh-oo dảw)*

refund **hoàn tiền** *(hwàhn tyèn)*

registered mail **thư bảo đảm** *(thuh bỏw dảhm)*

relic **di tích** *(zee/yee téek)*

religion **tôn giáo** *(tohn zów/yów)*

rent **thuê** *(thway)*

rental car **xe thuê** *(se thway)*

repeat, say again **nói lại** *(nóy lại)*

reporter **phóng viên** (fáwng vyen)

reserve a room **đặt phòng** (dạt fàwng)

resort **khu nghỉ mát** (khoo ngẻe máht)

restaurant (fancy) **nhà hàng** (nyàh hàhng)

restaurant (cheap) **tiệm ăn** (tyẹm an)

restroom (public) **nhà vệ sinh** (nyàh vẹh seeng)

return (a bought item) **trả** (jảh)

return (a hire car) **trả** (jảh)

ripe **chín** (chéen)

river **sông** (sohng)

room key **chìa khóa phòng** (chèe-a khwáh fàwng)

room rates **giá phòng** (záh/yáh fàwng)

round-trip **khứ hồi** (khúh hòh-ee)

Russia **Nga** (Ngah)

[S]

sad **buồn** (boo-òhn)

safe (adj.) **an toàn** (ahn twàn)

salty **mặn** (mạn)

Saturday **thứ bảy** (thúh bảh-ee)

savings account **trương mục tiết kiệm** (juh-ang mọok tyét kyẹm)

scarf **khăn quàng cổ** (khan kwàhng kỏh)

scenic spot **thắng cảnh** (tháng kảing)

school **trường học** (jùh-ang hạwk)

sculptured products **hàng điêu khắc** (hàhng dyew khák)

sea **biển** (byẻn)

search engine **công cụ tìm kiếm** (kohng kọo tèem kyém)

season **mùa** (mòo-a)

secretary **thư ký** (thuh kée)

security check **kiểm soát an ninh** (kyẻm swáht ahn neeng)

sell **bán** (báhn)

send **gửi** (gủh-ee)

sender **người gửi** (ngùh-a-ee gủh-ee)

sentence **câu** (koh-oo)

September **tháng chín** (tháhng chéen)

service **dịch vụ** (zẹek/yẹek vọo)

shave **cạo râu** (kọw roh-oo)

shawl **khăn choàng** (khan chwàhng)

ship **tàu** (tàh-oo)

shirt **áo sơ-mi** (ów suh mee)

shoes **giày** (zàh-ee/yàh-ee)

shop, store **tiệm** (tyẹm)

shopping mall **thương xá** (thuh-ang sáh)

short **ngắn** (ngán)

shoulder **vai** (vai)

sick, ill **bị bệnh** (bẹe bạyng)

sightsee **đi thăm các thắng cảnh** (dee tham kák tháng kảing) sign (verb) **ký** *(kée)*

signature **chữ ký** *(chũh kée)*

silk fabric **vải lụa** *(vải lọo-a)*

Singapore **Tân Gia Ba** *(Tun Zah/Yah Bah)*

single **độc thân** *(dọhk thun)*

single room **phòng đơn** *(fàwng duhn)*

sink (noun) **bồn rửa tay** *(bòhn rủh-a tah-ee)*

sit **ngồi** *(ngòh-ee)*

size **cỡ** *(kũh)*

ski **trượt tuyết** *(jụh-at twée-at)*

skin **da** *(zah/yah)*

skirt **váy đầm** *(váh-ee dùm)*

sleeping car **toa có giường nằm** *(twah káw zùh-ang/ yùh-ang nàm)*

sleeping pills **thuốc ngủ** *(thoo-óhk ngỏo)*

slow, slowly **chậm** *(chụm)*

small **nhỏ** *(nyảw)*

smartphone **điện thoại thông minh** *(dyẹn thwại thohng meeng)*

snack **bữa ăn lót dạ** *(bũh-a an láwt zạh/yạh)*

snake **rắn** *(rán)*

snow **tuyết** *(twée-at)*

so, too **quá** *(kwáh)*

society **xã hội** *(sãh họh-ee)*

socks **vớ, tất** *(vúh) (tút)*

some **một số** *(mọht sóh)*

son **con trai** *(kawn jai)*

sore throat **sưng họng** *(suhng hạwng)*

south **nam** *(nahm)*

South Korea **Nam Hàn** *(Nahm Hàhn)*

souvenir **quà lưu niệm** *(kwàh luh-oo nyẹm)*

spacious **rộng** *(rọhng)*

speak **nói** *(nóy)*

spicy **cay** *(kah-ee)*

spoon **cái muỗng** *(kái moo-õhng)*

sports **thể thao** *(thểh thow)*

spring **mùa xuân** *(mòo-a swun)*

stamp **tem** *(tem)*

stay **ở** *(ủh)*

still **còn** *(kàwn)*

stomach **bụng** *(bọong)*

stomachache **đau bụng** *(dah-oo bọong)*

stop **ngừng lại** *(ngùhng lại)*

storm **bão** *(bõw)*

streaming **phát trực tuyến** *(fáht jụhk twée-an)*

street **đường** *(dùh-ang)*

study, learn **học** *(hạwk)*

suit (verb) **hợp** *(hụhp)*

suit (noun) **bộ com-lê** *(bọh kawm lay)*

suitcase, bag **va-li** *(vah lee)*

summer **mùa hè** *(mòo-a hè)*

Sunday **chủ nhật** *(chỏo nyụt)*

sunny **nắng** *(náng)*

supermarket **siêu thị** *(syew thẹ)*

sweater **áo len** *(ów len)*

Sweden **Thụy Điển** *(Thwẹe Dyẻn)*

sweet **ngọt** *(ngạwt)*

sweetheart *người yêu* (ngùh-a-ee yew)

swimming pool *hồ bơi* (hòh buh-ee)

Switzerland *Thụy Sĩ* (Thwẹe Sẽe)

symptom *triệu chứng* (jẹw chúhng)

[T]

table *bàn* (bàhn)

take off *cởi* (kủh-ee)

take pictures *chụp hình* (chọop hèeng)

talk *nói chuyện* (nóy chwẹe-an)

taxi, cab *xe tắc-xi* (se ták see)

teach oneself *tự học* (tụh hạwk)

teacher (female) *cô giáo* (koh zów/yów)

teacher (male) *thầy giáo* (thày zów/yów)

teaspoon *muỗng trà* (moo-õhng jàh)

telephone *điện thoại* (dyẹn thwại)

telephone directory *danh bạ điện thoại* (zaing/yaing bạh dyẹn thwại)

telephone number *số điện thoại* (sóh dyẹn thwại)

television *ti-vi* (tee vee)

test *thử nghiệm* (thủh ngyẹm)

text (verb) *gửi tin nhắn* (gủh-ee teen nyán)

Thailand *Thái Lan* (Thái Lahn)

thank *cám ơn* (káhm uhn)

that, there *kia* (kee-a)

they, them (people) *họ* (hạw)

thirsty *khát nước* (kháht núh-ak)

this, here *đây* (day)

this month *tháng này* (tháhng nàh-ee)

this week *tuần này* (twùn nàh-ee)

this year *năm nay* (nam nah-ee)

throat *họng* (hạwng)

throughout, all of *suốt* (soo-óht)

thumb *ngón tay cái* (ngáwn tah-ee kái)

Thursday *thứ năm* (thúh nam)

ticket collector *nhân viên soát vé* (nyun vyen swáht vé)

ticket office *phòng bán vé* (fàwng báhn vé)

ticket window *cửa bán vé* (kủh-a báhn vé)

tight (fit) *chật* (chụt)

timetable, schedule *thời gian biểu* (thùh-ee zahn/yahn byẻw)

title (of book) *tựa đề* (tụh-a dèh)

today *hôm nay* (hohm nah-ee)

toenail *móng chân* (máwng chun)

together *cùng* (kòong)

toilet *nhà vệ sinh* (nyàh vẹh seeng)

tomorrow **ngày mai** *(ngàh-ee mai)*

tongue **lưỡi** *(lũh-a-ee)*

tooth **răng** *(rang)*

toothache **đau răng** *(dah-oo rang)*

toothpick **tăm xỉa răng** *(tam sée-a rang)*

tour **đi tua** *(dee too-a)*

tour guide **hướng dẫn viên du lịch** *(húh-ang zũn/yũn vyen zoo/yoo lẹek)*

tourism **kỹ nghệ du lịch** *(kẽe ngẹh zoo/yoo lẹek)*

tourist, visitor **du khách** *(zoo/yoo kháik)*

tourist attraction **địa điểm du lịch** *(dẹe-a dyểm zoo/yoo lẹek)*

train **xe lửa** *(se lủh-a)*

train car **toa xe lửa** *(twah se lủh-a)*

train station **ga** *(gah)*

train ticket **vé xe lửa** *(vé se lủh-a)*

transfer money **chuyển tiền** *(chwẻe-an tyèn)*

translate into **dịch sang** *(zẹek/yẹek sahng)*

travel (for pleasure) **đi du lịch** *(dee zoo/yoo lẹek)*

trim (verb) **tỉa** *(tẻe-a)*

try on (clothes) **mặc thử** *(mạk thủh)*

try on (hats) **đội thử** *(dọh-ee thủh)*

try on (shoes) **mang thử** *(mahng thủh)*

T-shirt **áo thun** *(ów thoon)*

Tuesday **thứ ba** *(thúh bah)*

turn left **rẽ trái** *(rẽ jái)*

turn right **rẽ phải** *(rẽ fải)*

[U]

understand **hiểu** *(hyẻw)*

underwear **đồ lót** *(dòh láwt)*

university **đại học** *(dại hạwk)*

unpleasant **khó chịu** *(kháw chẹe-oo)*

urinary tract infection **nhiễm trùng đường tiểu** *(nyẽm jòong dùh-ang tyểw)*

USA **Hoa Kỳ, Mỹ** *(Hwah Kèe) (Mẽe)*

use **dùng** *(zòong/yòong)*

used **cũ** *(kõo)*

usually **thường** *(thùh-ang)*

[V]

vacancy **phòng trống** *(fàwng jóhng)*

valley **thung lũng** *(thoong lõong)*

very **rất, lắm** *(rút) (lám)*

via **qua** *(kwah)*

vice president (of company) **phó giám đốc** *(fáw záhm/yáhm dóhk)*

Vietnam **Việt Nam** *(Vyẹt Nahm)*

Vietnamese currency **đồng** *(dòhng)*

Vietnamese-English dictionary **tự điển Việt-Anh** *(tụh dyển Vyẹt Aing)*

Vietnamese language **tiếng Việt** *(tyéng Vyẹt)*
view **cảnh** *(kảing)*
vomit (verb) **ói** *(óy)*

[W]
waist **eo** *(e-oo)*
wait **chờ** *(chùh)*
waiter, waitress **nhân viên phục vụ** *(nyun vyen fook vọo)*
waiting area **phòng chờ** *(fàwng chùh)*
want, would like **muốn** *(moo-óhn)*
warm **ấm** *(úm)*
wash (clothes) **giặt** *(zạt/yạt)*
wash (hair) **gội** *(gọh-ee)*
wash (hands) **rửa** *(rủh-a)*
watch (verb) **coi, xem** *(koy, sem)*
water **nước** *(núh-ak)*
waterfall **thác** *(tháhk)*
wax **nhổ lông** *(nyỏh lohng)*
we (exclusive) **chúng tôi** *(chóong toh-ee)*
we (inclusive) **chúng ta** *(chóong tah)*
we (talking to elders) **chúng cháu** *(chóong cháh-oo)*
wear (clothes) **mặc** *(mạk)*
wear (hats) **đội** *(dọh-ee)*
wear (shoes) **mang** *(mahng)*
weather **trời** *(jùh-ee)*
weather forecast **dự báo thời tiết** *(zụh/yụh bów thùh-ee tyét)*
wedding **đám cưới** *(dáhm kúh-a-ee)*

wedding anniversary **lễ kỷ niệm ngày cưới** *(lễh kẻe nyẹm ngàh-ee kúh-a-ee)*
Wednesday **thứ tư** *(thúh tuh)*
week **tuần** *(twùn)*
weekend **cuối tuần** *(koo-óh-ee twùn)*
weight **trọng lượng** *(jạwng lụh-ang)*
welcome **chào mừng** *(chòw mùhng)*
west **tây** *(tay)*
wharf, pier **bến tàu** *(báyn tàh-oo)*
what? **gì?** *(zèe/yèe?)*
what time? **lúc mấy giờ?** *(lóok máy zùh/yùh?)*
when? **khi nào?** *(khee nòw?)*
where? **đâu? ở đâu?** *(doh-oo?) (ủh doh-oo?)*
which? **nào?** *(nòw?)*
white **màu trắng** *(màh-oo jáng)*
who? **ai?** *(ai?)*
width **chiều rộng** *(chyèw rọhng)*
wife **vợ** *(vụh)*
will (future tense marker) **sẽ** *(sẽ)*
window seat **ghế cạnh cửa sổ** *(géh kạing kủh-a sỏh)*
windy **gió** *(záw/yáw)*
winter **mùa đông** *(mòo-a dohng)*
wish (verb) **chúc** *(chóok)*
with **với** *(vúh-ee)*
withdraw money **rút tiền** *(róot tyèn)*

without **không** *(khohng)*
women's room **nhà vệ sinh nữ** *(nyàh vẹh seeng nũh)*
word **chữ** *(chũh)*
work phone number **số điện thoại văn phòng** *(sóh dyẹn thwại van fàwng)*
wound **vết thương** *(véht thuh-ang)*
wrist **cổ tay** *(kỏh tah-ee)*
wrist support **băng nẹp cổ tay** *(bang nẹp kỏh tah-ee)*
wristwatch **đồng hồ đeo tay** *(dòhng hòh de-oo tah-ee)*

[Y]
year **năm** *(nam)*
yellow **màu vàng** *(mà-oo vàhng)*
yesterday **hôm qua** *(hohm kwah)*
yet? **chưa?** *(chuh-a?)*
younger brother **em trai** *(em jai)*
younger sister **em gái** *(em gái)*

[Z]
zip code **mã số bưu chính** *(mãh sóh buh-oo chéeng)*
zoo **sở thú** *(sủh thóo)*

PHOTO CREDITS

All photos are from Shutterstock.

Published by Tuttle Publishing, an imprint of Periplus Editions (HK) Ltd.

www.tuttlepublishing.com

Copyright © 2025, 2015 Bac Hoai Tran

Library of Congress Control Number: 2025941535

ISBN 978-0-8048-5902-8

Distributed by:

North America, Latin America & Europe
Tuttle Publishing
364 Innovation Drive
North Clarendon,
VT 05759-9436 U.S.A.
Tel: 1 (802) 773-8930;
Fax: 1 (802) 773-6993
info@tuttlepublishing.com
www.tuttlepublishing.com

Asia Pacific
Berkeley Books Pte. Ltd.
3 Kallang Sector #04-01
Singapore 349278
Tel: (65) 6741-2178;
Fax: (65) 6741-2179
inquiries@periplus.com.sg
www.tuttlepublishing.com

Japan
Tuttle Publishing
Yaekari Building, 3rd Floor,
5-4-12 Osaki, Shinagawa-ku,
Tokyo 141 0032
Tel: (81) 3 5437-0171;
Fax: (81) 3 5437-0755
sales@tuttle.co.jp
www.tuttle.co.jp

GPSR representative
Matt Parsons
matt.parsons@upi2mbooks.hr
UPI-2M PLUS d.o.o.,
Medulićeva 20,
10000 Zagreb, Croatia

28 27 26 25   5 4 3 2 1
2507CM

Printed in China

To Download or Stream Online Audio

1. You must have an internet connection.
2. Type the URL below into your web browser.

   https://www.tuttlepublishing.com/survival-vietnamese

For support, you can email us at info@tuttlepublishing.com.